鵜飼 哲・岡野八代 著

歴史への責任、

思想の廃墟から

権力への対峙のために

田中利幸・前田 朗 著

彩流社

第Ⅰ部　歴史、記憶、責任、そして——

はしがき◉デーモンクラシーと闘うために

1　ゴールキーパーの後ろで

戦争とテロが吹き荒れ、難民と国内避難民が荒れ地をさまよい、海上を漂流し、夥《おびただ》しい子どもたちが命を失っている世界を前に、思想は何をなしうるのでしょうか。

虚偽と二枚舌がこの国の政治の基本となり、ポピュリズムと反知性主義が希望や信頼を粉々に破砕している日本で、思想は果たしていかなる根拠を持ちうるのでしょうか。

安保法制という名の戦争法、「慰安婦」問題に代表される歴史の歪曲、原発被災者の切り捨て、安全性無視の原発再稼働、沖縄への暴力的な基地押しつけ、挙句の果てに森友・加計問題に見られる国家の私物化――私たちが投げ出されている状況は、自由や平等という古典的価値が剥奪され、尊厳や人格が侮蔑されている、あまりに無惨な状況ではないでしょうか。

この無惨さをしっかり自覚して、私たちは考え続けなければなりません。つながり、支え合い、声を掛けあいながら。そして、ともに闘わなければなりません。思想のライフラインが切れかかり、ゴールキーパーがなすすべもなく横転している後ろで、迫りくるカタストロフの歯止めになるべく、思想の営みを続けなければなりません。

思想の廃墟に呆然と佇《たたず》みながら、そこから次の一歩を踏み出すことが私たちの権利であり、義務であると信じて。

2　アティアのデーモンクラシー

現代アーティストのカダー・アティア（Kader Attia）の作品に『DEMO(N)CRACY』があります。民主主義（DEMOCRACY）の中に「デーモン（DEMON）」が含まれているというアティアの表現をどのように読み取るかは観る者に委ねられています。

アティアは1970年、パリ近郊の生まれですが、少年期にフランスからアルジェリアに渡って暮らし、成人になってからはヴェネズエラとコンゴに暮らしたそうです。そうした経験から、西欧的思考と非西欧的文化の間の関係を解読する作品を次々と発表しています。

例えば、無惨に崩れた顔が侵略者を表現する「侵略は、侵略する側にもされる側にも傷を残す」というコンセプトの作品です。歴史の中で形成された傷から、修復と和解を必要とする関係を浮き彫りにします。2003年のヴェネチア・ビエンナーレで大きな話題になり、2005年のリヨン・ビエンナーレ、2012年のカッセルのドクメンタにも出品しました。ボストン、ベイルート、ベルリン、パリ、ニューヨーク、ロンドンなどで個展が開かれています。

2015年夏にローザンヌ美術館で開催されたカダー・アティア展『傷者がここに』でも、侵略者が現地住民を悪魔化していくプロセスを描き出しました。まさに「DEMO(N)CRACY」です。

アティアの『恐怖の文化、悪魔の発明』（２０１３年）は、大きな書架が10台ほど並べられ、多数のポスターと書籍が置いてあります。書架に貼られたポスターは19世紀以後の西欧における新聞・雑誌の挿絵記事で、イスラム教徒を野蛮、暴力的、非理性的に描き出しています。西欧の白人が理性的で合理的な行動をしているのに、野蛮なイスラム教徒は……というイラストが満載です。書架の棚には、近年の西欧で出版された著書が並べてあります。ビン・ラディンやイスラム国を激しく非難する著書です。１００年の歳月をまたいで同じことが行われているのです。極端なオリエンタリズムの果てに、野蛮なイスラムを「恐怖と暴力」――悪魔として描き出す西欧文化です。

『略奪』（２０１３年）で、アティアは、西欧世界が非西欧世界から略奪した文化財を取り上げ、特にキリスト教が果たした役割に焦点を当てます。ヴァチカンが保有する８０００点以上の文化財は植民地時代に宣教師たちが収集したものだと言います。アティアは、ヴァチカンで撮影した40点ほどの略奪文化財の写真と、歴史家や宣教師へのインタヴューの映像を並べて見せます。

『石油と砂糖』（２００７年）はビデオ映像とインスタレーションから成ります。真っ白な角砂糖がたくさん積み上げられ、上から石油が注がれ、砂糖が徐々に黒くなっていきます。やがて濡れて、崩れ始めます。どんどん溶けていきます。白と黒が醜く崩れ、溶け合い、無惨な様子になっていきます。観客が立っている位置と、映像の間に粉の砂糖が床にまかれ、いくつも正方形に切り取られています。真っ白な角砂糖はモスクのイメージです。中東のモスクに対する、石油目当ての侵略が続いてきたことを示しているのです。

アティアは普通の市民の神経を逆撫でします。西欧における普通の市民とは何者なのかこそが問われるべきだからです。

3　私たちのデーモンクラシー

民主主義の中にデーモンが隠れている。あるいは、民主主義の中からデーモンが生まれてくる。もしそうだとすれば、私たちは民主主義のパラドクスをあらかじめ考え抜き、その先へと思考を進めてこなければならなかったのではないでしょうか。

民主主義、立憲主義、平和主義、自由主義――日本国憲法の根幹にある近代の諸理念を、私たちは大切なものとして守り、磨き上げ、発展させなくてはなりません。

しかし同時に、戦後民主主義と呼ばれた時代に、日本列島の上で演じられた憲法破壊を忘れるわけにもいきません。

戦争責任、戦争犯罪、象徴天皇制、靖国参拝、「慰安婦」問題、自衛隊、日米安保、沖縄米軍基地、核兵器、原発事故、原発再稼働……私たちの民主主義とはいったい何であったのでしょうか。何度も問われてきたはずの問いを、今なお私たちは問い続けなくてはなりません。70年の間、繰り返し提出されてきた反省の契機をつねにやり過ごしてきた私たちの民主主義を再考する必要があります。

西欧世界におけるデーモンクラシーと、日本の私たちのデーモンクラシーが同じであるのか、相違があるのか。そのことも議論し続けなければなりません。

4　本書の構成

第1部「歴史、記憶、責任、そして――」では、かつての日本が歩んだ歴史を出発点に、日本とアジアの関係を問います。

具体的には日本軍性奴隷制（「慰安婦」）問題をはじめとする戦争責任、歴史認識にまつわる問題を改めて俎上に載せます。事実を否定し、歪曲し、性奴隷制の歴史から目を背ける風潮に対する異議申し立てを行い、世界の中の「慰安婦」問題を考えます。フランスと日本を軸にレイシズムに覆われた世界の現実を読み解き、克服すべき課題を確認します。

第2部「権力としての原発、対峙する民衆」では、福島原発事故にもかかわらず、被災者に対する救済の責任を放棄し、安全性を顧みることなく原発再稼働が推し進められる現状を前に、「民主主義にとっての原発」とは何かを考え直し、戦後史における原発と原爆の密接なつながりを問います。原発大国フランスと日本の関係も視野に入れて、「私たちはどこにいるのか」を見定めることにします。

（前田　朗）

第Ⅰ部

歴史、記憶、責任、そして――

1 「慰安婦」＝性奴隷について語る意味（岡野八代＋前田朗）

――（前田、以下同）岡野さんは『法の政治学』『シティズンシップの政治学』『フェミニズムの政治学』という3冊の著作を出されています。いずれも「～の政治学」という表題です。次の本は「政治学の政治学」になるかもしれません（笑）。

岡野　なぜか「政治学」の3部作を書いています。そろそろ「政治学」を卒業しようと思っていたのですが（笑）。

――最新作は『戦争に抗する』ですね。今日は「慰安婦」問題をテーマにインタヴューします。「慰安婦」問題は、近年、奇妙な転換を迎えました。2014年8月のいわゆる吉田証言に関する朝日新聞記事訂正問題、及び2015年12月の日韓「合意」です。深刻な出来事で、その後の悪影響はとてつもなく大きなものになりました。

岡野　朝日新聞があのような形で謝罪したのも非常に謎です。ちょうどいま朝日新聞社の方と大学で一緒に講義をしているので、いったい何だったのかと聞いてみました。とても多くの電話がかかってきて、誹謗中傷が多くて、かなり厳しい批判を電話等々で受けてきたそうです。それで何かしないわけにはいかなかったというのが正直なところだと言っていました。

そしてさらにひどいのが、ほとんどのメディア、新聞——毎日新聞までもが、ある意味尻馬に乗って朝日新聞を叩きました。おそらく自民党のメディア統制がうまく働いている。よほどの政治的圧力を日本のマスメディアは受けているという印象です。これはそもそも謝罪するほどの問題なのでしょうか。１９９０年代、特に１９９５年あたりの村山談話が出た頃の記事です。当時、読売新聞も同じようなことを書いていました。他の新聞も吉田証言を引用していました。にもかかわらず、現在の状態ですから、これは本当に日本のマスメディアが政治的に表現の自由、報道の自由を奪われている証拠だと思います。

——それを言ったら、産経新聞などは何度も誤報を流しているのではないか、なぜ訂正しないのかと言われています。週刊金曜日編『検証産経新聞報道』（金曜日、２０１７年）のように、歪曲と誤報にまみれた産経新聞研究が出ているくらいです。「慰安婦」強制連行問題でも、元朝日新聞記者の植村隆さんが指摘しているように、強制連行と書いた産経が、書かなかった植村さんをやり玉に挙げる。完全に倒錯しています。誤報は産経の「生理」なのか、多くの読者が「どうせ産経だから」と慣れきっています。

岡野　産経新聞の誤報はまかり通る一方で、朝日新聞には誤報とは言えなくても抗議が集中する。そういう形で脅迫めいたことを一般市民も匿名でする文化が根付いてしまった。

――２０１０年代前半、朝日新聞に日本中枢を担う大企業の広告が出なくなったという話がありました。印象論レベルですが、なるほどそうなんです。国際的な企業の広告は出ていますが、むしろ日本の大企業の広告が朝日新聞にあまり載らない。読売新聞には繰り返し載る。

岡野　広告については、テレビ朝日の報道ステーションもよく指摘されました。報道の自由とかメディアの自由とか言われますが、新聞社も資本主義の下で、広告で利益を上げています。資本主義社会の中で企業が自民党寄りになり、与党の支援をしているのがあからさまな社会になりました。９・11直後のアメリカがまさにそうでした。政治的にコントロールしなくても企業が広告主を降りると言えば報道はできなくなるので、９・11後のアフガン戦争、イラク戦争のときの報道については、大企業が離れていくのが怖くて自主規制する。政治的にメディアバッシングをしなくても、メディア自身が自主規制する。

――朝日新聞記事訂正問題では、性奴隷制の話に議論が集中していますが、奴隷の定義の議論は無視されました。吉田証言が誤りであった。それに基づいた議論は誤りであった。だから性奴隷はなかったという訳です。まったく論理性がなく、意味不明の議論がまかり通っています。

岡野　１９９３年の段階で吉田証言は証言としては使えない、歴史的にもそこに根拠を置けない証言だということは、歴史家の指摘があって、政府も河野談話の時には使わなかったわけです。吉田証言というのは、逆説的ですが、安倍晋三首相にとってはとても大切な証言です。なぜかというと、強制連行――縄で首を引っ張ってくるという、いわゆる奴隷狩りのようなものがあったかなかったかということに一番こだわっているのが彼らなので、そこだけの議論に執着するわけです。2007年に第一次安倍内閣の閣議決定で、強制連行を示す資料が公式には見つかっていないと言う。そこさえ批判できれば何とか国民を説得できると思い込みたいので、彼らにとって吉田証言はとても大切です。吉田証言がそうした奴隷狩りのようなことをしたと言った。朝日新聞が吉田証言を否定してくれれば、自分たちに理があったと大きく宣伝できると思っているわけです。ところが1993年の河野談話は吉田証言を参照していなかったことからも明らかなように、世界の動き、それから「慰安所」問題――私もそうですが性奴隷制だと考える人たちは、奴隷制というものが、連行の仕方よりも慰安所において人をどう扱ってきたか、ここに注目するわけです。

――ジャーナリストの今田真人さんが、著書『吉田証言は生きている』（共栄出版、2015年）で、かつて吉田さんに直接取材した経験から、当時の記録を公開しています。

岡野　秦郁彦さんの『慰安婦と戦場の性』（新潮社、1999年）が出版された当時のことを思い出します。最初に強く違和感を抱いたのは、彼が済州島に数箇所訪れ、こういう証言（吉田証言）がありますが、聞いたことはありませんかと言って、短期間の調査だけで結論を導きだしていることです。一般に戦時性暴力について被害者たちの証言を導きだすのには、とても長い時間をかけて彼女たちとの信頼関係を築いてからようやく、聞き取りができます。秦さんに一貫して感じるのは、聞き取り、オーラル・ヒストリーに対する侮蔑です。日本軍の強制連行については、中国やフィリピン、そしてインドネシアでは明らかな事実として、聞き取りの結果、そしてインドネシアについては裁判記録として多くの証拠が存在しています。ですから、『朝日新聞』の検証が本当に十分な検証だったかを含め、当時の検証が必要だと思います。

❖奴隷とは何か

――岡野さんの論文「日本軍慰安所制度はなぜ、軍事的性奴隷制であるのか」が雑誌『世界』（2014年11月号）に掲載されました。

岡野　慰安所制度がどのような制度だったのかを安倍首相は自分の口から明らかにすべきですね。慰安所制度は何であったのかを言ってみればいい。具体的に慰安所はこういう施設だったと。

――公式の場では言わない。言えない。安倍首相は、彼女たちは売春婦であったと言いたい。当時は公娼制があったから仕方ないという理屈にしたい。しかし、公娼制そのものが奴隷制であったという局面と、仮に公娼制が日本国内で認められていたとしても、外でやっていいのかという話になります。

岡野　当時の日本に公娼制があったとしても、それを軍の専用としました。いわゆる公娼制と違うのは、朝鮮半島の女性たちを戦争の最前線まで連れて行って――地図でどこに慰安所があったのかを見れば一目瞭然ですが、日本軍しか行っていない場所に慰安所ができている。フィリピンなどでも全員玉砕したところにも設置されていて、いったい誰がそういう悲惨な戦場に女性たちを連れて行ったのでしょうか。しかも行われていたことは客観的に見ると強姦としか言えない状況です。公娼制があったと言うのなら、公娼制と慰安所の違いなど細かなところまできちんと見る必要があります。公娼制があったからということで慰安所制度の奴隷的な扱いは免罪されないと思います。

――公娼制と慰安所については、歴史研究でも一時議論がなされました。藤目ゆきさんや小野沢あかねさんの研究も出ています。

岡野　藤目ゆきさん（大阪大学教授）の『性の歴史学――公娼制度・堕胎罪体制から売春防止法・優生保護法体制へ』（不二出版、1997年）は、大きな視点の転換点、まさにパラダイム転換でした。今考えるととても当然の論理を提示されたのですが、国家がもし、性奴隷に他ならないような公娼制度を合法としていたのであれば、当然国家が責任をとるべきである、という論理ですよね。それは、当時よく言われていた、〈現在の視点から、過去を裁くな〉といった過去に対する責任を放棄する論理に対する反論の基礎を与えてくれました。

小野沢あかねさん（立教大学教授）の『近代日本社会と公娼制度』（吉川弘文館、2010年）は、まさに公娼制を認めていた、つまり女性の身体、そして生命まで売り買いの対象だとみなしていた国家体制・社会状況に置かれていた日本人女性たちの声を、歴史的文脈のなかでどう聞き取っていくか、真摯な取り組みを重ねていらっしゃいます。日本社会で悲痛な経験のなかで生きていた、人身売買の対象となっていた女性たちが、少しはましな環境だと言われ、戦時下の大陸へ新たな「仕事」や人生を求めていった、その経験を自分の人生のなかでは良い経験として本人は語る。そこをどう歴史家として聞き取るか。現在から歴史をどう捉えるのか。とても大切な研究が続けられていると思います。

――「奴隷取引」としての人身売買や強制連行と、「奴隷」であるということの違いがなぜわからないのか、不思議です。

岡野　国際連盟の奴隷条約1条は2項から成っています。第1項では、奴隷制を「その者に対して所有権に伴う一部又は全部の権能が行使される個人の地位又は状態をいう」と定義し、第2項では、奴隷取引を「その者を奴隷の状態に置く意思をもって行う個人の捕捉、取得又は処分に関係するあらゆる行為、その者を売り又は交換するために行う奴隷の取得に関係するあらゆる行為、売られ又は交換されるために取得された奴隷を売り又は交換することによって処分するあらゆる行為並びに、一般に、奴隷を取り引きし又は輸送するすべての行為を含む」と定義しています。奴隷制と奴隷取引が区別された上で、それぞれ定義されています。奴隷取引がなされれば奴隷になりますが、奴隷取引がなくても奴隷にすることができます。強制連行がなくても奴隷にすることができます。

――「強制連行がなかったから奴隷ではない」という理屈は通りません。

岡野　彼らは人間を奴隷的に扱っても、少しお金さえ払っておけばそれは奴隷扱いではないということを本当に信じているんじゃないかと思います。それが一番恐ろしいことなんですが。日本女性の場合、いわゆる売春をしていた、貧困状態にあって売春を余儀なくされていた人たちと言われていますが、たとえそうであっても、軍が慰安所を作らなければ「慰安婦」にはならなかったわけです。最前線に行って、軍の施設の中で「慰安婦」とされるのは――当時の公娼制はほとんど奴隷制だと私は思いますが、百歩譲ってみても、慰安所で使われていたのであれば、かつての職業がどうであっても、出自がどうであっても、やはり奴隷の扱いをされたのだと批判しなければいけない。

――もう一つ、ホワイト・スレイブ（白色奴隷、醜業）の議論があります。研究者の間では指摘されてきましたが、この間やはり議論が弱かったですね。ホワイト・スレイブ条約、日本では醜業条約と言われていますが、1905年の協定と1910年の条約があります。

岡野 おそらく今のセックスワーク議論などにもつながると思いますが、女性が経済的社会的に厳しい状態に置かれたときに身体を売る職業しか残っていない。前線で上官から殴られて人間扱いされなかった兵士の下に女性たちを搾取する構造を作って、なんとかひどい搾取状態を支える最低点の一番苦しいところで女性たちに仕事をさせているわけです。「醜業」についている女性に対して「人権侵害」だと過去において認めることが実はいまのセックスワークや、JKビジネスと言って高校生の性を売る仕事を人権の立場から考えることにつながっています。

――JKビジネスの実態は、2017年3月の国連人権理事会に報告されました。聞いていて恥ずかしかったのですが、日本政府の対応はひどいものでした。JKビジネスをなくす努力を尋ねられても無視して、何も答えない。「慰安婦」問題で責任逃れをしてきた日本が、JKビジネス問題を問われてもごまかす。

岡野 実際若年の女性たちが自分一人で食べていくことを考えると、性産業に従事することを考える人が実際に多くなってきています。若年層に対する福祉が弱い日本におけるセーフティーネットにもなっているという、ひどい状態にもなっている。女性の性売買があたかも普通の自由な契約の下での契約取引だと思い込みたい男性の思いが「慰安婦」問題に投影されていると思います。

――19世紀から廃娼運動という形で議論する中で、当時すでに奴隷的な状態であるという認識で日本の男性政治家も動いていました。それが今の日本社会に通用していない。

岡野　女性が人間扱いされない社会――女性は道具として使っていい、男性のために存在するものだという思いが払拭されていない。それが政治的にも経済的にも女性の地位が非常に低いものになっているところにつながっている。権力者や政治家たちは女性を人間扱いしていないんじゃないでしょうか。

❖軍隊性奴隷制とは何か

――国連人権委員会のクマラスワミ報告書やマクドゥーガル報告書が言うところの、軍隊性奴隷についてはどうお考えでしょうか［クマラスワミ報告書については本書44頁、マクドゥーガル報告書については本書49頁参照］。

岡野　まず、人道に対する罪ということで、自分自身の自由や身体の自由を誰かからコントロールされて自由にならない身体は必ず解放されなければなりません。奴隷制は人道に対する罪です。そこに軍隊というさらに抑圧的な力のある援軍が重なって、行われていたのが強姦ということで、軍事性奴隷は三重に国際法の違反をしているといえます。

クマラスワミ報告書の「上海」という記述のところに若干、吉田証言の引用があります。それで日本政府はクマラスワミ報告書を撤回せよと言っていますが、クマラスワミさんは報告の本筋には関係しないので撤回しません、と断られた。彼女がこの問題のなかに何を見ていたかということなんですね。クマラスワミさんがなぜこれが奴隷制だと思ったかというと、女性がどうやって連れて来られたかは千差万別で、詳細もなかなかわからないのですが、当時の軍の慰安所規定が残っています。彼女が注目したのは、「慰安婦」の使用規定です。お酒を飲んでからは禁止だとか、1回30分とか、必ずコンドームをつけなさいとか、いくら払うとかが記録に残っていて、必ず軍医がいて女性の身体を性病にかかっていないかを看ているわけです。クマラスワミさんが奴隷制だといっているのは、もちろん「慰安婦」の方の証言もあるのですが、軍が「慰安婦」にされた人を使用していた規則集をみての判断です。それが戦後に残された文書としてもっとも罪深いものだとも言っています。それは、規則集を見たときの受け止め方の違いだと思います。

――慰安所における実態を見れば軍隊性奴隷と言える。1990年代から吉見義明さん（中央大学教授）をはじめ、みな指摘していたことです。ところが、使っていた立場の男性は「女性を保護していた」という手前勝手な理屈を言う。それがおかしいことは岡野さんの論文も指摘していますし、最近の Fight for Justice の著書『「慰安婦」・強制・性奴隷』（御茶の水書房、2014年）でも強調しています。

岡野　私がぞっとしたのは、村山内閣のときにつくった「女性のためのアジア平和国民基金」のデジタルミュージアムをネットで調べると、日本人2円、半島人1円5銭、支那人1円と出てくる。半島人というのは、当時、朝鮮人のことを指した侮蔑的表現です。それを見たときの受け止め方ですよね。「慰安婦」は別に問題じゃないという人たちは「お金を払っていた」と言う。でも、この「値段表」がまさに奴隷制の証拠なのです。彼女たちが「慰安所」で一日をどう過ごしていたのか、という証言とあわせてみれば、彼女たちは軍隊に使われていた、まったく身体の自由を奪われていた。しかも払っていたのは軍票です。軍が作ったお金です。いくらお金をもらっていても奴隷的に使用したとしか思えません。人に差別的な値段がついているわけですから。

――クマラスワミ報告書をまったく読まずに批判している人が多いので、少し確認しておきましょう。単行本として出版された翻訳は、クマラスワミ報告書研究会訳『女性に対する暴力――国連人権委員会特別報告書』（明石書店、2000年）です。これは岡野さん、大越愛子さん、西野瑠美子さん、私など数人で翻訳したものです。「家庭における暴力」、「社会における暴力」、「国家における暴力」、「日本軍慰安婦問題」の4つの報告書を収録しています。「慰安婦」問題報告書は、1996年に発表された時に荒井信一さんや戸塚悦郎さんが翻訳したものを、ご了解いただいてこの本に収録しています。この本の出版に関わった私たちとしては、クマラスワミ報告書が何であったのかをもう一度きちんと示していかなければいけません。話を元に戻すと、軍隊性奴隷制ということを否定している人たちと、それからアジア女性基金がそうですが、被害を認めつつも一定の認識、疑問があるということで、軍隊性奴隷制であることを軽視したり、無視する人が目立ちます。人道に対する罪にあたることも無視されます。

岡野　ほとんどまともに認識されていない。クマラスワミ報告書に対する日本政府の反論の中に出てきたと思いますが、いわゆる通常の感覚に訴える方法ですよね。よく言われるのは遡及法です。後から作ったものは適用できない。新しくできた法規定で過去の罪を裁けない。1945年にできたのに1935年の犯罪に遡って適用してはいけない、という理屈です。通常の法律ですともちろん時効もありますから、50年もたってなぜ訴追できるのかということもあります。反対派の人たちは日常生活の中の通常の犯罪にわざと関連させて訴える部分が非常に多い。一般の人たちの中にもいわゆる人道に対する罪には時効がないということが伝わっていない。

——戦争犯罪や人道に対する罪には時効がないことは国際法では常識の部類に属します。国連も時効不適用条約を採択しています。ドイツ、フランスをはじめ各国で今でもナチス・ドイツの犯罪人を裁いている。ところが、日本政府は国連人権委員会で「戦争中の強姦は禁止されていなかった」という異様な主張をしました。クマラスワミ報告者は絶句していました。

❖外圧と国際法と

岡野　「慰安婦」問題を海外からの外圧のように受けとっている人もいて、あたかも「海外から攻撃されている」という言い方をします。国際法というのは日本も多くの条約を批准していて、日本も国際社会の一員です。私たちも国際法で生きているわけです。国際法を外国のもののように思うのは適切ではない。この人たちはいったい地球に生きているのかと、いつも思います。国際社会の一員だということが意識できない。

——日本もその一員なのに、「国際社会vs日本」で考える。

岡野　一方ではグローバル人材の育成とかいって、日本語も学ばないうちに英語をやれと言います。そんななかで育って、この子たちはいったいどういう人間に育つのだろうと思いますが、まさに日本で生きている私たちも移民の問題であったり、日常生活で使う食品や衣類もそうですが、本当にグローバルな環境の中で生きている。

そういうつながりの中で様々な人が搾取されていて、私も気づかないうちに一端を担っているかもしれない。自分の知らない人たちともつながっているかもしれない。ところが、日本の社会でしか生きていないような非常に狭い意識を〈日本人〉として強要されているように思います。空間的にも視野が狭いし、歴史的にも私たちが軍隊や植民地や「慰安婦」問題を引きずりながら生きていて、他の人たちからも日本はそう見られていることを理解できないような教育のあり方をずっとしてきたのではないか。

——否定派の「なぜ日本だけが」という意識がよくわかりません。

岡野　日本だけではなくて、クマラスワミ報告書だって他の国々の女性に対する暴力について様々な報告がされています。アメリカやポーランドをはじめ、それぞれの国における女性に対する暴力について、数十カ国の情報が取り上げられています。日本だけが人権侵害をしてきたわけではありません。

ただ、植民地問題にしてみても、アメリカやヨーロッパが植民地問題を過去に遡ってしっかり補償してきたかというと、まったく足りないところもあると思います。日本の場合は、朝鮮半島、中国、ある意味で対等な立場にある地域を植民地にし、侵略しました。ヨーロッパがアフリカに対して植民地支配してきたのとは若干異なって、対等の立場としてお互い過去をどのように反省しあうかという、ある意味いい位置にある。だからこそむしろ、日本は植民地に対して、あるいは「慰安婦」問題に対して真摯に向き合って反省を形にしていくことができます。そうした営みがなされれば、国際社会の中で日本は稀有な存在になると思います。ドイツはナチスの犯罪については反省してはいますが、植民地に対しては不十分と言われます。

――ドイツはアフリカ南西部のナミビアを植民地にして、ヘレロ人に対するジェノサイドをしました。この件は最近、裁判で問われています。

岡野　性暴力についても、レギーナ・ミュールホイザーさんによる『戦場の性』（岩波書店、2015年）が邦訳されましたが、彼女の研究は日本軍「慰安婦」問題に触発されたものだと言います。ですから人権に関しては、日本は稀有な、まさに憲法前文にあるような「国際社会において名誉ある地位」を占められるような立場にあると思うんです。

――そのチャンスを生かすことができない。そういう考え方に立つことが、ナショナリストのつもり

の人にとってはできないのでしょうか。

岡野　私はナショナリストの気持ちは理解できません。正確にいえば、ナショナリストのつもりの人ですね。ナショナリストを自称する人たちは、どういったきっかけで自分たちの国家の過去を見つめることができなくなったのか。そこはわからないのですが、1995年あたりでしょうか。それ以前の政治家は良し悪しは別にしても、戦中に何が起こっていたかを知っている。例えば中曽根康弘元首相などがそうですね。

　私の経験において戦後を考えたときに一番感じるのが1995年あたりなのですが、あの頃から非常に後ろ向きになった。もういまさら謝れない、みたいな。安倍首相は1993年に「日本の前途と歴史教育を考える若手議員の会」などを作ってずっとこの歴史問題に関わってきたので、もういまさらやり直すことができない。どうしようもなく後ろ向きになってしまって、この頑なさをどのようにほぐしたら良いのか。

――加害国・被害国の関係を離れて、ナショナルなものとインターナショナルなものをどのようにして折り合いをつけるのかというレベルで考えても、いまのやり方は非常によくない。

岡野　本当にそう思います。しかも中国でも韓国でもおそらくそうだと思うのですが、この後ろ向きのかたくなさというのは、経済的に見ても日本に非常に打撃を与えていて、損をしているとしか思えません。中国と仲良くして貿易など色々な交流ができるはずなのにそれができない。安倍的なかたくなさというのは経済的にも日本に打撃を与えている。経済界がもっと怒っても良いのではないかと思います。「国益」などと言いながら、自ら「国益」を害しています。かたくなで、腹を割って話せない。自分たちの名誉を傷つけていると、相手のことばかり責めようとする。

❖修復的正義という考え方

――岡野さんの持論である「修復的正義」についてお願いします。岡野さんの著書にはナショナリズム批判と、ケアの倫理の展開があります。「修復的正義」論のエッセンスをお願いします。

岡野　通常の刑法の正義観というと、私が誰かに被害を与えた場合、例えば前田さんを殴ってしまったら、殴った私を罰さないといけないので、私にも危害を加えることになります。例えば3ヶ月間おとなしく刑務所にはいってなさいという形で罰されます。加害者を罰することで、正義を象徴している「正義の女神」はいつも秤を持っていますけれども、片方が貶《おとし》められると釣り合いを取るために同じように加害者も貶めるという形の正義が応報的正義――「目には目を」という考えになります。

それに対して修復的正義というのは、私が殴ったら前田さんがけがをして社会活動ができなくなってしまう。その状態を回復するためにはもう一度前田さんが社会の一員として戻れるように、けがを治してあげることが重要です。殴った私に関しても、殴ったことをしっかりと見つめ、反省しなくてはなりません。しかし、応報的正義のように私にも危害を与えると、反省する機会が奪われる可能性があります。人に危害を与える存在のままだと皆さんと一緒に社会で暮らせないので、私はきちんと人々と仲良く暮らせるような人になり、そして私も社会に戻していく。つまり、そもそもあった社会の関係性の中に被害者も加害者ももう一度取り込んでいく、関係性を取り戻していくということが修復的正義の考え方です。

――何らかの加害が行われた結果として、加害者と被害者の関係性が壊れたことと、加害者と社会の関係性が損なわれる、被害者と社会の関係性も損なわれる、それらを元の状態に戻す。あるいはそれをきっかけとしてよりよい状態にする、ということでしょうか。

岡野　そうですね。被害のあり方も、私が前田さんに全治3ヶ月のけがを負わせたとしたら、私にも3か月分に相当する罰が下るというのが応報的正義です。でも、もしかしたらその3ヶ月の間に前田さんのとても大切な出会いを私が阻害しているかもしれません。被害を関係性から考えると全治3ヶ月ではとてもすまないような害を前田さんに与えているかもしれないので、被害に遭った人にもどのくらいの被害があったのかをしっかりと考えるためにも、被害に遭った人が置かれている状況から、具体的に被害を見ていくことが重要です。

――刑法学の世界でもここ20年くらい修復的正義が強調されるようになってきています。古典的な応報刑論や教育刑論とは異なった側面を持ちます。

岡野　「慰安婦」問題は、戦前に彼女たちがこうむった深刻な被害、プラス朝鮮半島の当時の状況、様々なところで生きてきた彼女たちが戦後を生きる中でも戦前に受けた傷がずっと残り続けていて、一人ひとり被害のあり方も全然違うわけです。修復的正義から分かることは、被害に遭われた方が同じような被害に遭ったように見えても、彼女たちが異なった生活をしている限り被害のあり方はまったく違う、ということです。

一人ひとりの彼女たちにとって、どうしたら実際に社会に戻ってこられるかということは、社会保障であったり、金銭的な補償であったりするだけではなくて、一人ひとりの状況に合った様々なケアの仕方が必要になってきます。被害者の個別性に応じて、彼女たちの被害をどう聞き取るかということも修復的正義には含まれています。ケアの倫理の定義というのは、被害者の方に「いったいどこが苦しくて、どういう立場にあるのでなかなか声が出せないのですか」という風に、一歩踏み込んで聞いていく、そのさいに必要とされる聞き取る側の倫理と言ってもいいと思います。

――修復的正義の理論で「慰安婦」問題を考えたときに、修復されるべき関係は誰と誰の間にあるものなのでしょうか。

岡野 一つは被害に遭った方が実は被害に遭う前から社会的に非常に弱い立場にあるので、暴力に晒されやすかったり、被害に遭いやすいことを主張することです。社会的地位のせいで暴力被害に晒されやすい立場の人が、被害者である可能性が高いということも含まれている。ですから、被害に遭う前の状態に戻したとしても、まだ社会的に底辺に置かれている立場の人たちなので、事態は変わりません。

修復的正義が目指すべきことは、社会の中で彼女たちが被害に遭いにくい状態になるよう、社会それ自体を変えていかないといけないというニュアンスがそこには含まれています。「慰安婦」の場合、加害者と被害者を見ると、加害者が明らかに強い立場の人なんです。しかも被害を訴えたときに、訴えた本人が恥ずかしめを受けるような構造がずっと残っている。特に女性たちが考える修復的正義は、この加害・被害の関係性を、社会を変えることで変えていく。もちろんその場合には、性的被害にあったと声を挙げた時、悪かったのは加害者の責任であり、被害者は責められない、恥ずかしくないんだという風に社会のあり方を変えていく、そういう訴えも含まれています。社会変革という意味であるので、修復的正義はまさに民主主義と密接に関係していると思います。

――「慰安婦」とされた人たちがカムアウトしたとき、例えば韓国の女性運動が一定の力を持っている中で被害女性がカムアウトできる状況が作られてきた。それに対して日本社会ではそのような状況ができていないという議論がなされていました。

岡野　日本人で「慰安婦」にされた方というのはなかなかカムアウトできなくて、ほとんど記録にも残っていません。小野沢あかねさんたちが、ずいぶんと掘り起こしに尽力されていますが、実名で当時のことを述べられたのは、城田すず子さん他ほんの一人握りの方です。売春婦だったんじゃないかと、公娼制の議論に巻き込まれるのは明らかなので、それだけ日本のほうが女性運動の力が弱く、女性の声というのは出しにくい状態にあるということです。被害に遭った人が、なぜ自分がこういう被害に遭ってしまったのかを解明することで、加害・被害の関係をはっきりさせて、誰に罪があったのか、誰に責任があったのか、ちゃんとわかるような社会に変えていけば、女性たちも声をあげていくことができる。

——最近ようやく、西野瑠美子・小野沢あかね編『日本人「慰安婦」——愛国心と人身売買と』（現代書館、2015年）が出版されました。他方で、修復的正義で関係を変えるということとは別に、被害者であったハルモニたちが権利の主体として立ち上がるという、もう一つの出来事があります。みんなで支え合いながら、自分たちが立ち上がって映画作りまでする。被害者の主体性と修復的正義はどのようにつながるのでしょうか。

岡野　修復的正義は、被害回復と社会変革を目指す一連のプロセスと言われるのですが、そこにはやはり色々な面があります。ハルモニたちはいわば同志となって、被害に遭った人たちが集まって、安心して自分たちの被害を語った。自分たちが声を挙げた時に、罵声を浴びせる人がいない状態で、自分たちが被害に遭ったことを自分で認識していくというそのステップを可能にしました。彼女たちが支援者を含めた人との付き合いの中で、自分が被害に遭ったことを人に言えなかった時に感じていただろう孤独が解消されていき、ハルモニたちが集まって自分たちで関係性をつくっていく。

修復的正義というのは、以前あったことをもう一度再現するという意味合いもありますが、人は関係性の中でまさに主体として立ち上がって、人の権利というものを自分でも認識していく。そのプロセスを大切にするのが修復的正義です。ハルモニたちはずっと被害者であるわけではありません。むしろ主体として彼女たちも変わっていく。

さらに言えば、よく韓国挺身隊問題対策協議会（韓国挺対協）の方たちからお話を聞くのですが、支援する側が彼女たちの運動にかかわる中でまさに変わってきた。「おばあさんたちがアクティヴィストになって、私たちの認識も変わってきた」ということをよく言われています。

❖和解をめぐって

――修復的正義の議論とともに、「和解」の議論があります。岡野さんは「和解」をどのように位置づけていますか。

岡野　よく「和解」というと、被害者と加害者が向き合って「済みませんでした」というのが和解のあり方だと思われています。しかし、私が考える「和解」は、被害者の方が自分が被害に遭ったということをある程度克服されて、自分がこの社会で声を挙げていい、加害者に「あなたに罪がある」と言える社会になることです。被害に遭った人たちがもう一度社会に戻れたときが、私は和解に至ったのだと思います。

アジア女性基金に私が反対したのは、加害者の側が「これだけの償いをしたのでこれで許してください」というのはおかしなことだったからです。被害に遭った方が社会の中で発言するということはなかなかできなくて、一般の性被害者も自分に対しても嫌悪感をもったりしてしまうので、その人たちがもう一度社会の中で堂々と生きていけるということが、私にとっての和解なのです。対人関係の和解というよりも、自分を一回貶めた社会全体と被害者との和解というイメージが私の中の「和解」です。

――「慰安婦」問題の場合に、今おっしゃられたように対加害者との関係だけでなく、社会との関係で、そういう風に乗り越えて戻っていくことを、なぜ「和解」と呼ぶのでしょうか。

岡野 それは、私がもともと研究していたのが、ハンナ・アーレント（1906～1975年）だったからかもしれません。

――ドイツ系ユダヤ人女性で、ヒトラーが政権を取ったときに亡命してフランスに行って、最後にアメリカにわたった思想家です。著書に『イェルサレムのアイヒマン』『暗い時代の人々』『全体主義の起源』『人間の条件』『パーリアとしてのユダヤ人』等があります。

岡野 彼女の影響をすごく受けました。どうして私が社会とか世界への愛ということを考えるのかというと、ユダヤ人であったアーレントにとっては、ヒトラーのナチス政権の時に人間ではないものとして、まさに社会から迫害され、全滅させられようとしたユダヤ人であった経験のことを考えるからです。アーレントには、社会や世界が自分を排除したという意識があって、そうするともう一度世界を愛することができるのかということが彼女にとってすごく大きな哲学的なテーマだったんです。そして10数年かかって、彼女がもう一度世界を愛せるようになったのは、ドイツ、そして西洋社会がなぜヒトラーを生み出してしまったのかをめぐる様々な思索を経た結果でした。

「慰安婦」問題に出会ってからアーレントの影響もあって、ハルモニたちがこの世界で生きていてよかったと思えるようにならないと、彼女たちにとっての真の和解とは言えないと考えるようになりました。当時慰安所を使った日本兵士はたくさんいたわけです。最前線にいた兵士は現実としてほとんど使っているにもかかわらず、そのことが犯罪とされることもなく、ハルモニたちは自分たちの経験というのが40年近く見捨てられていたわけです。韓国社会からも見捨てられてきた。彼女たちがこの社会で生きていてよかったと思えるようにならないと、和解を達成なんてできない。

――和解については、アジア女性基金なるものが一つの「日本的な和解スタイル」を作ってしまった。

岡野 もちろん対人関係の和解でも、日常生活で人に謝るとき、相手が何を求めて何を聞きたいのかということを斟酌しながら謝ると思うんですね。自分がまったく思ってもみなかったところで相手が傷ついているとしたら、「気づかなくてごめん」と、まずは言うと思います。加害者が気づいていないことが一番、傷つけた人に対して重たい。加害者が気づいていないということがもっとも罪深いと思うのです。被害者の方々から、これをしてくださいと親切なことに、きちんと伝えて言ってくれているわけです。ところが、それをまったく無視して、被害者が求めていることをしなかったということは、対人関係の和解としてもおかしい。

――日本政府やアジア女性基金が使う「和解」は「義務としての和解」です。一定の義務を私たちは果たす――自分たちで一方的に設定して、それを自分たちが果たしたのだから「被害者も義務を果たしなさい」と、いつの間にか相互義務になる。

岡野 自分たちはできることをした。まさに、自分たちで一方的に限界を設定したうえで、できることしかしなかったわけですが、「できることをしたのだからあなたたちもそれをきちんと理解してください」という。加害者が上に立っていて、自分たちがやってあげたんだからあなたたちも私たちの事情を理解して、許しなさいと言う。いまだ植民地主義時代の上下関係が修正されていない。

❖「朴裕河《パクユハ》問題」について

――和解と言うともう一つ、『和解のために』の朴裕河さんの議論があります。最近は『帝国の慰安婦』（朝日新聞出版、２０１４年）で一歩も二歩も踏み込んでいます。和解論の組み立てが被害者に和解を迫る構図になっている。それはなぜなのかが理解できないのですが、ご本人はそういうつもりはないのでしょうか。

岡野　私は一度だけ一緒にシンポジウムに出ましたが、ご本人には「悪意」はないかもしれません。韓国の運動、特に韓国挺対協の方々が中心となっている運動があります。私たちは韓国挺対協の運動を高く評価しているわけです。しかし、アジア女性基金の償い金を受け取った方は60数名いらっしゃるわけで、その人たちに関しては、朴裕河さんの考え方としては、日本側の謝罪と誠意を受け入れている人たちにもっと目を配ったほうがいいと言う。韓国挺対協の運動は、受け入れている人たちの声を掻き消しているんだ、それは運動としてはあまりにも偏っているのではないかと訴えている。被害者の中にも色々な被害者がいて、謝罪を受け入れた被害者もいるのに、なぜそこには光を当てないのか。

――被害者の多様性自体は当然のことです。多様であるがゆえに、韓国挺対協は一人ひとりの体験をていねいにお聞きしてきたわけです。ところが、朴裕河さんは多様性を口実に分断に利用している。

岡野　被害者の中にも色々いるということを見る必要はあります。被害の様態、そして被害者のおかれた立場はそれぞれに違います。朴裕河さんは、彼女こそが被害者の声を忠実に聞き取っていると言っています。ですが、その議論を日本に持ってくるのは慎重でなくてはならない。

――特に彼女を利用する日本人に関して議論したいのですが、先日、朝日新聞の書評で「朴裕河はハンナ・アーレントである」と書かれていて、私はのけぞってしまいました。

岡野　杉田敦さん（法政大学教授）は同業者で西洋政治理論という同じ専門分野なのでよく存じ上げているのですが、あの書評には私も衝撃を受けました。朴裕河さんが韓国社会のアーレントだとおっしゃっていたので、不思議でなりません。確かに、アーレントも、ユダヤ人は単なる無垢な被害者ではなく、ナチスに加担した者たちがいたと論じたのですが、それでもアーレントを研究してきた者としては納得できません。

――アーレントに対する侮辱ですし、朴裕河さんに対する勘違いにもなる。

岡野　『帝国の慰安婦』については、私の知りうる限りでは、「慰安婦」問題に積極的に取り組んでこなかった男性研究者が非常に高く評価しています。

――日本男性知識人が朴裕河さんを悪用している低劣な風潮が気になります。「慰安婦」問題と言う以前に、植民地認識の欠落が大きいと思います。

岡野　彼女も韓国と日本が和解することを願っているというのは必ず前提としておっしゃります。ところがその和解を阻んでいるのは誰かとなると、転倒した議論になる。前田さんや私も含まれるような「法的責任を取れ」などと原理原則を掲げている人が日本国内の反発を煽り立て、それがまた韓国のナショナリストも煽り立てたという主張です。ただ彼女がなぜこれほど、右翼的な人たちだけではなく、「リベラル派」の日本の研究者にもウケているのだろうと、考え込んでしまいます。

——２０１５年11月にソウル地検が、『帝国の慰安婦』の記述がハルモニたち、被害女性の名誉を毀損したとして、朴裕河さんを起訴しました。これは被害女性が告訴したから始まったわけで、言論弾圧でもなんでもありません。名誉毀損の被害事実があるか否かの法的議論になります。ところが、日本の「リベラル派」は表現の自由だ、学問の自由だと言って、ソウル地検を非難する声明を発しました。「朴裕河氏の起訴に対する抗議声明」（２０１５年11月26日）の54名による声明ですが、記者会見に出たのは小森陽一（東京大学教授）、上野千鶴子（東京大学名誉教授）などです。この声明は、ハルモニたちの被害を否定しました。私は11月26日を「リベラル派」の学問が自殺した日と見ています。彼／彼女らは学問の特権を振りかざしているにすぎません。

岡野　私も署名を求められ断りました。刑法上の細かなことは即座には分からなかったのですが、告訴した被害者の方への言及はまず一言もありませんでした。声明文のなかで『帝国の慰安婦』が高く評価されていたことにも、強い反発を感じたからです。本来人権侵害の問題、戦争責任をいかに取りうるかという議論が、いつのまにか学問の自由の問題となっているという論理のすり替えがあります。どこかで韓国に対して遅れた国であるかのように見下している、傲慢な態度を感じざるを得ません。

――2016年から、朴裕河さんの二つの裁判が相次いで報道されています。一つは名誉毀損の刑事裁判で、一審判決は無罪でした。もう一つは名誉毀損の民事裁判で、裁判所はハルモニたちの主張を容れて、朴裕河さんに損害賠償を命じました。日本では鄭栄桓『忘却のための「和解」』（世織書房、2016年）、韓国では『帝国の弁護人・朴裕河に聞く』（マル、2016年）のように、朴裕河批判の本も出始めました。『帝国の慰安婦』の特徴として、ほとんどの人が共通して指摘しているのは、事実誤認があまりにも多いことです。数えきれない事実誤認と言われています。単に事実誤認と言うにとどまらず、自説に都合の良い事実誤認ばかりという不思議な現象です。

岡野　『帝国の慰安婦』を読んで、大変な怒りに囚われました。特に朴裕河さんを評価する人の多くが言う、被害女性たちのさまざまな記憶に関わる文章です。第一章にある「少女20万」の記憶という箇所と、それに続く第二章「『慰安所』にて――風化する記憶」での記述です。本書全体で、韓国挺対協のことを「自分たちの自尊心のために」当事者の声をあたかも横領するかのような団体として描いています。

ですが、本書につまみ食いのように出てくる、元「慰安婦」にされた方々の証言は、当の韓国挺対協が長い時間と労力をかけて聞き取った最初の証言集からの引用です。山下英愛さんから、この当時のお話を伺ったことがありますが、40年以上も誰にも話せないでいた被害者たちの話を聞くのは、とても大変な作業です。時系列で話をされるわけではなく、感情の高まりのなかで、話は色々な方向へと飛んでいったりします。それをどう聞き取るのか、筋をつけるのか、聞き手が何か解説をつけるのか。

そうした悩みの中で、当事者の声をなるべくそのまま残すようにして、証言集は編まれています。「慰安所」のよい記憶や、家族に対する恨みや、そして彼女たちが目の前にしていた、朝鮮人業者に対する怒りが前面に出てくる証言が存在しているのです。当時山下英愛さんたちは、一緒に苦しみながら聞き取り、書き取っていった。朴裕河さんが多様な記憶として当事者の声を引用している部分は、まさに挺隊協が書き綴った声なのです。多様な声というのは、当事者が複数いるから出てくる声でもないでしょう。一人の被害者の中にも、長い「慰安所」での生活の中で、色々な体験をした。それは挺隊協の証言集に書かれています。日本でもたとえば『「慰安婦」戦時性暴力の実態』（緑風出版、２０００年）という形で、その後も聞き取りは続いています。

――被害に向き合うとはどういうことなのかを示してくれた。

岡野　韓国挺対協の証言集について少し話を聞いていた私でも、朴裕河さんの引用の仕方には湧き上がる怒りを抑えることができません。当事者の声として、軍人たちに遊んでもらったことを楽しげに語る部分に焦点を当て、そこから多様な被害者を描くという朴裕河さんの手法に、名誉毀損だとして裁判に訴える被害者が出てくるのは当然のように思いました。朴裕河さんが資料として引用する被害女性の言葉は、朴裕河さん自身が聞き取ったものではなく、ほぼすべて韓国挺対協による証言集なのです。

――他人が聞き取った被害者証言を、あたかも自分が聞いたかのように粉飾して提示する。しかも、前後の文脈を無視する。都合の良いところだけをつまみ食いする。朴裕河さんの方法は必然的に虚偽

の主張に行きつきます。

岡野　金富子《キムプジャ》さん（東京外国語大学教授）が指摘しているように、『帝国の慰安婦』は、韓国挺身隊問題対策協議会・挺身隊研究所が編集した証言集（『強制的に連行された朝鮮人群慰安婦たち』第5集〔韓国語〕）を使っています。例えばビルマのミッチナで確認された朝鮮人「慰安婦」20人について「平均年齢は25歳だった」と言って、少女は例外と協調しています。ところが、証言集を見ればわかることですが、実際の平均年齢は23歳です。連行されたのは2年前ですから平均21歳です。当時の国際法では21歳未満が未成年です。しかも、20人のうち過半数の12人が未成年です。この資料を使いながら「平均年齢25歳」という数字を持ち出すのが『帝国の慰安婦』の手法です。

——単純な四則計算をなぜ間違えるのでしょう。数字を都合よく操作しているのではないかと疑いたくなります。写真の誤認にも驚かされます。

岡野　『帝国の慰安婦』が、千田夏光『〝声なき女〟八万人の告発——従軍慰安婦』（双葉社、１９７３年）の記述に着目して、「これまでの慰安婦をめぐる研究や言及は、このことにほとんど注目してこなかった」と述べた部分ですね。毎日新聞社刊の写真集『日本の戦歴』に収められた写真とされています。占領直後の中国に和服を着て「中国人から蔑みの眼で見られている日本髪の女性」に焦点が当てられます。ところが、千田さんは複数の写真について語っているのに、朴裕河さんは一枚の写真であると誤解しています（能川元一「『帝国の慰安婦』における資料の恣意的な援用について」『「慰安婦」問題の現在』三一書房、２０１６年）。

――前後の文脈を無視しているため、一枚の写真についての話と誤解したのかもしれません。『帝国の慰安婦』は事実誤認があまりにも多くて、指摘するだけで一冊の本になってしまいます。数えきれない事実誤認が、ことごとく朴裕河さんの立論に都合の良い方向での誤認ですから、単なるケアレスミスとは考えられません。もっと重要なのは『帝国の慰安婦』の方法論です。女性の心情を男性の認識によって決めつける手法が繰り返されています。

岡野 歴史は男性が書いてきました。女性の歴史も男性歴史家によって書かれてきました。それは女性が何であったかではなく、男性が女性をどのように見たか、女性にどのようにあってほしいと思ったかを示すものにすぎません。これに対して異議を唱え、女性の歴史を女性が書くようになったのはフェミニズム運動の成果です。

ところが、『帝国の慰安婦』では、当時の朝鮮人「慰安婦」がどう思ったかを、男性の証言を根拠にして決めつけています。千田夏光の著書に登場するのは、多くが元日本軍将兵です。日本人男性の眼を通して描かれた「慰安婦」像です。『帝国の慰安婦』は、日本軍将校の証言を根拠に「慰安婦」と日本兵の間に「同志的関係」があったと断定しています。

――驚いたことに、『帝国の慰安婦』では、田村泰次郎など日本人男性作家の小説作品がそのまま「慰安婦」に関する歴史的事実の根拠として採用されています。日本人男性の、しかも小説です。これは研究書とはとても言えません。このような本が出版されたこと自体が知性に対する挑戦と言うしかない。

岡野　『帝国の慰安婦』は植民地の問題を重視したという人までいます。「慰安婦」と日本兵の間に「同志的関係」を読み取るということは、日本と朝鮮の間の植民地支配と、男性と女性の間の関係の二重性で把握しなければなりませんが、「支配」よりも「協力」に優位があるということです。

また、「慰安婦」問題に関わる人で、植民地の問題と格闘しなかった方がいるでしょうか。例えば、「慰安婦」問題に尽力された松井やよりさん（1934〜2002年）がいます。元朝日新聞記者で、女性国際戦犯法廷の提唱者です［女性国際戦犯法廷について本書55頁］。後に彼女の遺志をついで、東京早稲田にwam（女性と戦争平和ミュージアム）が開設されました。松井さんたちが始めた運動は、1970年代、日本人男性のアジアへの売春ツアー、つまりキーセン観光を問題にした当初から、日本の植民地主義・帝国主義を問題にしていました。韓国挺隊協元代表だった尹貞玉《ユン・ジョンオク》先生（梨花女子大学名誉教授）が、当時韓国では挺身隊と呼ばれていた「慰安婦」にされた少女たちの足跡を探求するその旅は、植民地問題とは切っても切れない動機から始まっています。

金富子さん、鈴木裕子さん（女性史研究者）、そして宋連玉さん（青山学院大学名誉教授）、どなたを見ても「慰安婦」問題を日本の植民地主義に触れずに議論してきた研究者などいないのに、朴裕河さんは一部の日本の研究者に驚くべき持ち上げ方をされています。

——植民地を重視したと言いながら、実際は植民地時代の「親日派」による「対日協力」は良かったのだという理屈になっています。植民地近代化論の変種でしょう。李在承さん（建国大学校法学専門大学院教授）は「植民地合法主義」と特徴づけています。『帝国の慰安婦』の論理は、世界の植民地解放闘争を貶める機能を持ちます。インド人はイギリスに協力したことを喜び、アルジェリア人はフランスに協力したことを懐かしい思い出と感じ取るべきなのでしょうか（前田朗「植民地解放闘争を矮小化する戦略」『「慰安婦」問題の現在』三一書房）。

『帝国の慰安婦』のもう一つの大きな特徴ですが、国際社会が積み上げた議論を無視し、これを全否定します。根拠は何一つ示していません。国連人権機関はもとより、被害者本人たち、国際NGO、歴史学者、国際法学者が四半世紀にわたる論争を積み重ねて、クマラスワミ報告書、マクドゥーガル報告書、女性国際戦犯法廷を積みあげてきました。これらを乱暴に否定するのが朴裕河さんです。

ここに日本人男性が『帝国の慰安婦』を熱狂的とも言えるほど大々的に持ち上げた秘密が隠されています。四半世紀にわたって国際社会から「軍隊性奴隷制の責任」を追及されてきたのに対して、韓国人女性研究者がそれを否定し、「慰安婦は売春婦だから、日本に責任はない」と明言してくれたのです。それまで「慰安婦」問題研究をしてこなかった男性研究者たちが欣喜雀躍《きんきじゃくやく》したわけです。

❖日韓合意をどう見るか

――2015年12月28日、日本政府と韓国政府が「慰安婦」問題について「合意」に達したと発表しました。

岡野　またしても被害者の声が踏みにじられた。合意は政府間の裏取引において、どのようなプロセスを経たのかも明らかにならないうちに、決定されてしまった。しかも、日本は10億円出すのだから、これ以上「慰安婦」問題に韓国政府は口を出すな、ということが、合意されたかのようになってしまいました。合意の後、ナヌムの家に住む李溶洙《イ・ヨンス》さんが、外交通商部事務次官に対して、「なぜ私たちを二度も殺そうとするのか」と迫りました。これまで20年以上も私たちの声を聞けと訴えてきた当事者を話し合いから排除して、勝手にこれで問題は終わり、と決めた。これほどの侮辱はないでしょう。とりわけ、「平和の碑（少女像）」が日本大使館の前にあることが、日本の「威厳」に関わるとして撤去を要求したことに対して、当事者初め多くの人が反発するのは当然です。

――日韓合意に対する批判は、岡野さんの論文「フェミニズム倫理学から考える、日韓合意」（前田朗編『「慰安婦」問題・日韓合意を考える』（彩流社、２０１６年）で表明されています。

岡野　「慰安婦」問題を人権の問題として、国際法上時効がないとされる人道に対する罪の問題として考えていない。むしろ、国家の体面を繕うためのものであることが、「平和の碑」をめぐる日本政府、そして安倍首相の言動と態度から明らかになりました。安倍首相が合意について述べたこと――「子や孫、そしてその先の世代の子どもたちに謝罪し続ける宿命を背負わせてはいけない」――とは反対に、これまで蓄積された歴史研究、そして国際法の知見から、再度、奴隷とはなにか、戦後責任、植民地責任とは何かがさらに論じられていかなければなりません。

責任を逃れようとする政府が存在するかぎり、日本に生まれる市民たちは、東アジア諸国から謝罪を迫られ続けるでしょう。「慰安婦」被害者は韓国だけでなく、アジア全域にいらっしゃるのです。

そして、いかに市民が謝罪したとしても、政府が責任を取らない限り、この問題を問われるのは、私たち日本の市民たちです。

――２０１７年に入って状況に大きな変化が訪れました。朴槿恵大統領がスキャンダルの結果失脚しました。代わって大統領に選出された文在演は、日韓「合意」に疑問を提起していましたので、大統領就任後、日韓「合意」の締結過程を検証し始めました。これに伴い、韓国の慰安婦財団の理事長が辞任し、財団そのものの危機に陥っています。もっとも、日本側は、あくまでも日韓「合意」の路線を押し通すつもりのようです。残念なことに、ふたたび日韓の政治的なぎくしゃくが繰り返されています。

コラム◉クマラスワミ報告書

1　はじめに

朝日新聞「慰安婦」問題記事訂正騒ぎの後、一部のメディアがクマラスワミ報告書非難キャンペーンを展開しました。報告書が「慰安婦」の実態を性奴隷制と特徴づけたことへの反発です。

これを受けて、日本政府は２０１４年10月、クマラスワミ元報告者に報告書の訂正を求めました。日本政府自身が賛成した報告書に、18年も経ってから訂正を求めるという異様な事態ですから、クマラスワミ元報告者は即座に拒否しました。

メディアでもネット上でも断片的な情報を基にクマラスワミ報告書非難が横行しています。その多くはクマラスワミ報告書が何であるか理解していないように見えます。

2　女性に対する暴力特別報告書

１９９３年、ウィーン世界人権会議で、国連人権委員会に「女性に対する暴力特別報告者」を設置することが決定されました。翌年、国連人権委員会はスリランカの弁護士ラディカ・クマラスワミを女性に対する暴力特別報告者に任命しました。

1995年、クマラスワミ報告者は予備報告書を提出し、「慰安婦」問題を調査する意向を表明し、日本政府がクマラスワミ報告者の訪問を受け入れることになりました。同年7月、クマラスワミ報告者が日本や韓国を訪問し、日本政府、歴史学者、NGOなどから情報を入手しました。

1996年1月、クマラスワミ報告者が「日本軍性奴隷制報告書案」を国連人権委員会事務局に提出しました。同報告書案は日本政府、韓国政府など関係各国に交付されました。同年4月、「日本軍性奴隷制報告書」は国連人権委員会で審議の結果、日本政府が賛成し、満場一致で採択されました。

3 性奴隷制

クマラスワミ報告書はまず性奴隷制度の定義を明示しています。報告書は、慰安婦の「B徴集」と「C『慰安所』における状態」の両面を検討して、性奴隷との認識を示しています。軍事的性奴隷制の定義は次のように示されています。

「特別報告者は、戦時、軍によって、または軍のために、性的サービスを与えることを強制された女性の事件を軍事的性奴隷制の慣行ととらえている」(219頁)

「特別報告者は『慰安婦』の慣行は、関連国際人権機関・制度によって採用されているところによれば、性奴隷制および奴隷類似慣行の明白な事例ととらえられるべきであるとの意見を持っている」(220頁)

報告者は1926年の奴隷条約を前提にして議論しています。国連人権委員会で議論しているのですから、当然、国際法を基にしています。日本政府はいまだに奴隷条約を批准していませんが、「奴隷取引の禁止」が1930~40年代の慣習国際法の地位にあったことを認めています。ところが、日本政府は「奴隷の禁止」は慣習国際法の地位にはなかったとし、だから日本政府は国際法違反をしていない、と主張しました。

4　吉田証言について

クマラスワミ報告書の吉田証言引用は次の通りです。

「……さらに、戦時中に行われた人狩りの実行者でもあった吉田清治は、著書の中で、その他の朝鮮人とともに1000人もの女性たちを『慰安婦』任務のために獲得したと告白している。」（227頁）

この100文字程度の記述が大問題になっていますが、報告書全体を無視して、ここだけ取り上げても意味がありません。クマラスワミ報告書は、以下の内容を検討した結果、まとめられています。

第1に、報告書は徴収方法について「東南アジアの極めて多様な地域出身の女性たちの説明が一貫していることに争いの余地はない」としています（225頁）。異なる場所の証言者たちの証言内容が合致していることは日本による組織的犯罪の証拠です。

第2に、報告書は岡村寧次の回想、1937年南京事件の記録、民間業者の活動、国家総動員法、ユン・

ジョンオク論文など多数の文献に依拠して検討しています（225〜228頁）。

第3に、報告書はチョン・オクスン、ファン・ソギョン、ファン・クムジュ、ファン・ソギュンなどの証言に基づいて現場の状況を明らかにしています（234〜240頁）。

第4に、報告書は、吉田証言を批判する秦郁彦博士の見解を10行に渡って引用しています（231頁）。吉田証言の紹介は100字しかないのに対して、秦郁彦見解の紹介は400字に及びます。

第5に、報告書は吉見義明教授らの研究成果を反映しています（231〜232頁）。

これだけのことを検討しているのです。このことを無視して、「吉田証言を引用しているからけしからん」というのは短絡的な主張にすぎません。

1996年当時は調査・研究が進んでいなかったために物理的な強制の事例がわずかしか知られていませんでしたが、現在では他のいくつもの文書において強制連行の事実が明らかになっています。

5　勧告

クマラスワミ報告書は結論として6項目の勧告をまとめています。

①日本軍によって設置された慰安所制度が国際法違反であることを承認し、その法的責任を受諾すること。

②日本軍性奴隷制の被害者個々人（元慰安婦）に対し、原状回復と賠償を行うこと。

③慰安所について、日本政府が所持するすべての文書および資料の完全な開示。
④名乗り出た日本軍性奴隷制の女性被害者個々人に対し書面による公式謝罪をなすこと。
⑤歴史的現実を反映するように教育カリキュラムを改めること。
⑥慰安所への募集および収容に関与した犯行者をできる限り特定し、かつ処罰すること。

慰安所制度が国際法違反であるという認定に対して、日本政府は反論することができませんでした。1996年の国連人権委員会の際、日本政府は反論文書を用意して人権委員会に提出しましたが、各国政府から「国際法解釈が間違っている。特別報告者を侮辱している」と批判を受けて、撤回しました。差し替えた日本政府文書はアジア女性基金の説明をするものでした。

この結果、日本政府が賛成し、国連人権委員会は全会一致で報告書を採択したのです。それゆえ、クマラスワミ報告書は「慰安婦」問題に関する基本文書となりました。

＊参考文献

ラディカ・クマラスワミ『女性に対する暴力』（明石書店、２０００年〔文中の引用ページ数は同書より〕）
岡野八代「日本軍『慰安所』はなぜ、軍事的『性奴隷制』であるのか」『世界』８６２号（２０１４年11月）
日本軍「慰安婦」問題 web サイト制作委員会編『「慰安婦」・強制・性奴隷』（御茶の水書房、２０１４年）

コラム◉マクドゥーガル報告書

1　国際社会の報告書

日本軍「慰安婦」問題に関する国際社会による報告書はクマラスワミ報告書だけではありません。次の四つの報告書を踏まえて議論する必要があります。

1. テオ・ファン・ボーベン報告書（1993年）
2. 国際法律家委員会報告書（1994年）
3. クマラスワミ報告書（1996年）
4. マクドゥーガル報告書（1998年）

テオ・ファン・ボーベンは当時、国連人権委員会差別防止少数者保護小委員会委員で、重大人権被害者の救済（人権と基本的自由の重大な侵害を受けた被害者の原状回復、賠償および更生を求める権利）に関する研究を担当しました。1992年、「慰安婦」問題が国連人権委員会に報告されたことを契機に、報告書をまとめました（『ファン・ボーベン国連最終報告書』）。

国際法律家委員会は国連と協議資格を有するNGOです。国際法律家委員会メンバーが来日調査を行い報告書をまとめました。

これらを踏まえてクマラスワミ「女性に対する暴力」報告書が作成されたのです。

他方、国連人権委員会差別防止少数者保護小委員会の委嘱を受けたゲイ・マクドゥーガル「戦時性奴隷制」特別報告者の報告書がこれに続きました。

2　性奴隷制特別報告者

1993年8月、国連人権委員会差別防止少数者保護小委員会（人権小委員会）は「武力紛争下の組織的強姦・性奴隷制および奴隷制類似慣行に関する特別報告者」（以下、性奴隷制特別報告者）を設置し、リンダ・チャベス委員を任命しました。

当時、国連人権委員会及び人権小委員会では、旧ユーゴスラヴィアにおける民族浄化、ルワンダにおけるジェノサイド、日本軍「慰安婦」問題、朝鮮人強制連行問題が議論の対象となっていました。NGOの理解では、武力紛争下の組織的強姦は主に旧ユーゴスラヴィアやルワンダの事例、性奴隷制は日本軍「慰安婦」問題、奴隷制類似慣行は朝鮮人強制連行問題を指すと考えられていました。

チャベス委員は1996年8月に報告書を提出し、第一次世界大戦時、第二次世界大戦時の事例や、旧ユーゴスラヴィアとルワンダの事例に言及しました。小委員会はチャベス特別報告者にさらに研究を継続するよう要請しましたが、翌年、チャベス特別報告者は別の事情から特別報告者を辞任しました。

後継者として任命されたゲイ・マクドゥーガルはアメリカの弁護士ですが、南アフリカにおけるアパルトヘイト撤廃運動で活躍したことで知られ、国連人種差別撤廃委員会委員に選出されるとともに、人権小委員会から性奴隷制特別報告者に任命されました。その後、国連人権理事会のマイノリティ問題独立報告者を経て、現在、ふたたび人種差別撤廃委員会委員を務めています。

マクドゥーガル特別報告者は１９９８年の人権小委員会に「報告書」を提出しました。前任者の残りの任期を引き継いだため「最終報告書」と名付けられたのです。２０００年には「アップデイト」と命名された追加報告書が提出されました。この２本がいわゆるマクドゥーガル報告書です。

3　性奴隷制の国際法

最終報告書本文の主な対象は、旧ユーゴスラヴィアの民族浄化とルワンダ・ジェノサイドですが、附属文書において日本軍「慰安婦」問題を論じています。

マクドゥーガル報告書はファン・ボーベン報告書、国際法律家委員会報告書、クマラスワミ報告書を踏まえて、国際法解釈を深めたものです。

マクドゥーガル報告書は、事実認定において強制連行の有無等を特に取り上げていません。ただ、軍と政府の両方がアジア各地の強姦所（レイプセンター）の設立に関わり、20万人以上のアジア女性を強制的に性奴隷にされ、その多くが11〜20歳であり、毎日レイプされたとしています。

報告書の目的は、武力紛争中に性暴力や性奴隷制が利用されていることに対して行動を起こすよう呼びかけること、被害女性たちの被害の実態と規模を浮き彫りにすること、武力紛争下に女性に対して行われる国際犯罪を処罰し、予防するための訴追の戦略を検証することです。「慰安婦」問題については三つの法的検討を加えています。

第1に、奴隷制及び奴隷売買です。1926年の奴隷条約やニュルンベルク裁判を踏まえた奴隷制の禁止はユス・コーゲンス（強行規範）であり国際慣習法であったと確認しました。

第2に、戦争犯罪としての強姦です。1863年のアメリカのリーバー法や、ハーグ陸戦規則、ジュネーヴ第四条約に依拠して戦争犯罪を特徴づけています。

第3に、人道に対する罪です。ニュルンベルク裁判憲章、占領下ドイツにおける管理委員会規則、東京裁判憲章、旧ユーゴスラヴィア国際刑事法廷及びルワンダ国際刑事法廷において奴隷化や非人道的行為が人道に対する罪とされています。

マクドゥーガル報告書は、日本政府の抗弁を検討しています。

第1に、法の遡及適用問題です。日本政府は、当時の国際法には違反していないと主張しましたが、強姦や奴隷化が犯罪であることは国際慣習法でした。

第2に、奴隷制禁止です。日本政府は、当時は奴隷制は禁止されていなかったと主張しましたが、国際慣習法による奴隷制の禁止は第二次世界大戦時までに明確に成立していました。

第3に、強姦と強制売春です。日本政府は、ハーグ陸戦条約は一般原則の文書化にすぎず、戦時強姦は禁止されていなかったと主張しました。マクドゥーガル報告書は、ハーグ陸戦条約は戦争法規を統括する国際慣習法であると受け入れられていたと言います。国連人権機関の場で「強姦は禁止されていなかった」と主張した国は日本以外にありません。

第4に、朝鮮の地位問題です。日本政府は、朝鮮は日本に併合されていたので戦争法規は適用されないと主張しました。マクドゥーガル報告書は、奴隷制の禁止は戦時にも平時にも適用される国際慣習法であると言います。

4 勧告

マクドゥーガル報告書は、戦時性暴力犯罪としての「慰安婦」問題について四つの勧告を行っています。

①刑事訴追を保証するための仕組みの必要性（加害者に関する証拠収集、被害者の面接調査、検察官による提訴準備、他の諸国の裁判管轄権の活用等）

②損害賠償を実現するための法的枠組みの必要性（損害賠償のための行政基金、適切な損害賠償額の算出、被害者認定システム、行政審査機関設置）

③損害賠償額の妥当性（被害の重大さ、規模、反復性、すでに経過した膨大な時間等の考慮）

④報告義務（日本政府から国連事務総長宛て年2回の報告）

マクドゥーガル報告書は、ファン・ボーベン報告書、国際法律家委員会報告書、クマラスワミ報告書を踏まえて、「慰安婦」問題に関する国際法解釈を詳細に展開しています。報告書は人権小委員会で全会一致で採択されました。これにより「慰安婦」問題に関する国際法上の論争は完全決着を見たと言って良いでしょう。

マクドゥーガル報告書は、不処罰の連鎖を終わらせるために責任者の処罰を提示しました。これを継承したのがNGOによる女性国際戦犯法廷です。

＊参考文献

『ファン・ボーベン国連最終報告書』（日本の戦争責任資料センター、1994年）
国際法律家委員会（ICJ）『国際法からみた「従軍慰安婦」問題』（明石書店、1995年）
VAWW NET・JAPAN編訳『［増補新装二〇〇〇年版］戦時性暴力をどう裁くか——国連マクドゥーガル報告全訳』（凱風社、2000年）

コラム◉女性国際戦犯法廷

1　20世紀最後の民衆法廷

20世紀最後の2000年12月、「日本軍性奴隷制を裁く2000年女性国際戦犯法廷」が4日間にわたって開催されました。最終判決は2001年12月にオランダのハーグで言い渡されました。実行委員会の中心は「戦争と女性への暴力」日本ネットワーク（VAWW-NETジャパン）という団体です（現在はVAWW RAC）。

民衆法廷にはかなりの歴史がありますが、一般には知られていません。このため、報道では「模擬法廷」と表現した例もありますが、模擬法廷ではありません〔民衆法廷について本書200頁〕。

主催者は、「第二次世界大戦中において旧日本軍が組織的に行った強かん、性奴隷制、人身売買、拷問、その他性暴力等の戦争犯罪を、裕仁（昭和天皇）を初めとする9名を被告人として市民の手で裁く民衆法廷」と位置付けました。2000年には「天皇裕仁は有罪、日本政府には国家責任がある」と判断し、2001年には詳細な事実認定と理由から成る「最終判決」を公表しました。

2 法廷の構成

法廷を準備した国際実行委員会は三人の共同代表からなります。

松井やより（元・朝日新聞記者、「戦争と女性への暴力」日本ネットワーク VAWW-NET ジャパン）

尹貞玉（韓国挺身隊問題対策協議会共同代表）

インダイ・サホール（女性の人権アジアセンター ASCENT）

１９９８年４月にジュネーヴで開催された国連人権委員会の際に、クマラスワミ「女性に対する暴力」特別報告者を招いて「戦争と女性への暴力」シンポジウムで、クマラスワミ報告書が責任者処罰を掲げ、国際社会では「不処罰の連鎖を断ち切る」という合言葉が用いられているにもかかわらず、日本政府は後ろ向きであり、このままでは責任者処罰はできないことが話題となりました。

この時、日本政府がやらないのなら民衆法廷を開いて責任者を裁いてはどうかと提案したのが松井やよりでした。松井やよりは、帰国後に日本の女性たちと相談して民衆法廷開催の方向性を打ち出し、ソウルで開催されたアジア連帯会議に問題提起しました。ここから女性国際戦犯法廷への道が始まったのです。準備の第一が VAWW-NET ジャパンの結成、第二が１９９８年８月の国連人権委員会差別防止少数者保護小委員会に提出されたマクドゥーガル報告書の翻訳・出版でした［マクドゥーガル報告書について本書49頁］。

準備は２年ほどで急速に進められました。アジアの女性たちの運動が中心ですが、世界の女性運動の力を結集するために大変な努力が積み重ねられました。その結果、検事や判事には著名な女性法律家を迎えることができました。男性市民、法律家も加わりました。

首席検事は、パトリシア・ビサー・セラーズ（旧ユーゴスラヴィア・ルワンダ国際刑事法廷ジェンダー犯罪法律顧問、米）、ウスティニア・ドルゴポル（フリンダース大学国際法助教授、豪）の二人です。

各国を代表する検事も選出されました。なお、法廷の準備過程で、朝鮮民主主義人民共和国側と大韓民国側の調整がととのい、南北コリア検事団が組織されました。韓国代表の検事は後にソウル市長になる朴元淳（弁護士）でした。

判事は、ガブリエル・カーク・マクドナルド（旧ユーゴスラヴィア国際刑事法廷前所長、米）、クリスチーヌ・チンキン（ロンドン大学国際法教授、英）、カルメン・マリア・アルヒバイ（国際女性法律家連盟会長、アルゼンチン、後に旧ユーゴスラヴィア国際刑事法廷判事）、ウィリー・ムトゥンガ（ケニア人権委員会委員長）の４人です。

被告人の弁護人に代えて、アミカス・キュリエが採用されました。被告人が出廷せず、自ら弁護人を選ぶことがないため、被告人に代わって争点について意見を述べる役割です。アミカス・キュリエ（法廷の友、法廷助言者）はもともと西欧の裁判で利用された専門家を意味します。

3 公判

2000年12月、東京で3日間の審理が行われました。首席検事の共通起訴状の朗読、各国検事団による主張・立証、被害者証言及びビデオ証言、証拠展示・解説、さらに専門家証人（歴史家、国際法学者）、日本軍元兵士（金子安次・鈴木良雄）の証言が続きました。日本政府の立場は、アミカス・キュリエが陳述しました。

法廷には膨大な証拠（書証と人証）が提出されましたが、法廷当日に、各国の被害者が貴重な証言（ビデオ証言含む）をしました。証言をしたのは、朴永心、河床淑、金英淑、文必、金福童、安法順（以上、南北コリア）、万愛花、袁竹林、楊明貞（中国）、トマサ・サリノグ、マキシマ・デラ・クルス、エステル・デラ・クルス・バリンギット、レオノラ・ヘルナンンデス・スマワンほか（フィリピン）、盧満妹、イアン・アパイ、高寶珠（台湾）、ロザリン・ソウ（マレーシア）、エリー・ヴァン・デル・プローグ、ヤン・ラフ＝オハーン（オランダ）、マルディエム、スハナ（インドネシア）、エスメラルダ・ボエ、マルタ・アブ・ベレ、エルメネジルド・ベロ（東ティモール）でした。

4 判決――昭和天皇有罪

4日目に判決言い渡しがなされました。ただ、被告人が多数に及び、長い歴史に関連して膨大な証拠が積み重ねられたため、判決理由の準備は到底間に合わず、この日は仮の判決言い渡しとされ、最終判決は1年後にハーグに持ち越しとなりました。

判決は、天皇裕仁及び日本国を、強姦及び性奴隷制度について、人道に対する罪で有罪としました。昭和天皇の戦争犯罪を初めて断罪した歴史的判決に、会場がどよめきました。

被害者証人たちは全身で感激を表現し、傍聴人はもとより、実行委員会メンバーや検事団も歴史的瞬間に立ち会ったことに慄きました。

ハーグで言い渡された最終判決は、非常に詳細な事実認定を行っています。「慰安婦」問題に関するそれまでの研究の蓄積を網羅した歴史的文書です。判決は、慰安所が組織的に設立され、それが日本軍の一部であり、当時適用可能な法に照らしても人道に対する罪が構成されるとしました。奴隷制度、人身売買、強制労働、強姦等の人道に対する罪に関連する各条約、慣習法に違反しているとする判決理由は、クマラスワミやマクドゥーガルが積み上げてきた議論を踏まえ、国際法の解釈を総合的に展開したものです。

「日本軍と政府当局は第二次世界大戦中に、『慰安婦』制度の一環として日本軍への性的隷属を強要された数万人の女性と少女に対して、人道に対する罪としての強かんと性奴隷制を実行した」。

最終判決文は、「慰安婦」制度を「制度化された強かん、すなわち性奴隷制」としました。「性奴隷制」は、歴史的に「強制売春」と呼ばれていた犯罪名よりも適切な用語であるとしています。「強制売春は性奴隷制と本質的に同じ行為を伴うにもかかわらず、同程度に悪質な行為であることを伝える言葉ではない」としています。「強制売春」はこの制度を利用する側の男性の見方ですが、「性奴隷制」という言葉は被害者の立場から、「被害者の受ける従属と苦悩をより適切に捉えている」からです。

5 勧告

最終判決は日本政府に次のように勧告しました。

①「慰安婦」制度の設立に責任と義務があること、この制度が国際法に違反するものであることを全面的に認めること。

②法的責任をとり、二度と繰り返さないことを保証し、完全で誠実な謝罪を行うこと。

③ここで宣言された違反の結果として、犠牲者、サバイバーおよび回復を受ける権利がある者に対し、政府として、被害を救済し将来の再発を防ぐのに適切な金額の、損害賠償を行うこと。

④軍性奴隷制について徹底的な調査を実施する機構を設立し、資料を公開し、歴史に残すことを可能にすること。

⑤サバイバーたちと協議の上で、戦時中、過渡期、占領期および植民地時代に犯されたジェンダーに関わる犯罪の歴史的記録を作成する「真実和解委員会」の設立を検討すること。

⑥記憶にとどめ、「二度と繰り返さない」と約束するために、記念館、博物館、図書館を設立することで、犠牲者とサバイバーたちを認知し、名誉を称えること。

⑦あらゆるレベルでの教科書に意味のある記述を行い、また、研究者および執筆者に助成するなど、公式、非公式の教育施策を行うこと。違反行為や将来の世代を教育する努力が行われること。
⑧軍隊とジェンダー不平等との関係について、性の平等と地域のすべての人々の尊重を実現するための必要条件について、教育を支援すること。
⑨帰国を望むサバイバーを帰国させること。
⑩「慰安所」に関するあらゆる文書とその他の資料を公開すること。
⑪「慰安所」設置とそのための徴集に関与した主要な実行行為者を処罰すること。
20世紀の最後に開催され、21世紀の最初に判決を言い渡した女性国際戦犯法廷は、「慰安婦」問題に関する記念碑的な判決となりました。

＊参考文献
VAWW-NETジャパン編『女性国際戦犯法廷の全記録（日本軍性奴隷制を裁く——2000年女性国際戦犯法廷の記録）』（緑風出版、2002年）
VAWW-NETジャパン編『裁かれた戦時性暴力——「日本軍性奴隷制を裁く女性国際戦犯法廷」とは何であったか』（白澤社、2001年）
VAWW-NETジャパン編『Q&A 女性国際戦犯法廷』（明石書店、2002年）

2　世界の中の「慰安婦」問題（田中利幸＋前田朗）

❖戦後70周年の日本と世界

――戦後70周年の2015年は、1月から非常に衝撃的な事件が続きました。パリの週刊誌シャルリ・エブド襲撃事件、それに続いて「イスラム国（IS）」による日本人人質殺害事件が起きました。

田中　2015年は大変な年になるであろうと最初から予測していました。敗戦70周年で、安倍晋三首相がこの年を目標に色々なことをいままでやってきましたが、さらに推し進めるだろうと予測できたからです。覚悟はしていましたが、あんなに早く色々な問題が起きたことは想像以上でした。あまりにもひどいと感じています。シリアで殺害された湯川遥氏、後藤健二氏の人質事件についても、政府はずいぶん前からこの事実を知っていたわけです。最初から二人が人質になったとわかっていて、それにもかかわらず安倍首相がエジプト、ヨルダン、イスラエルで「イスラム国と戦っている国に支援する」と発言した。これはもう意図的に問題を起こすことを考えていたと言ってもいいくらい、あまりにもひどい状況です。安倍首相が中東でやった一連の行動の中でもっとも怒りを禁じえないのは、イスラエルのホロコースト記念館で行った演説です。

――「特定の民族を差別し憎悪の対象とすることが、人間をどれだけ残酷にするのか、そのことを学ぶことができました」という発言ですね。

田中　これはあまりにもひどい。民族差別をしているのは安倍首相です。まじめに考えるのであれば、南京に行くとか、ソウルに行くとかを考えなければならないのに、それをまったくせずにホロコースト博物館でこのような発言をした。

――厚顔無恥の典型です。日本人のホロコースト認識の甘さにもつながっています。

田中　実は、広島ではホロコーストのことを常に問題にします。原爆による差別・大量虐殺とホロコーストを同じ問題として取り扱おうということで、広島の人たちはホロコーストを問題視します。広島市の平和財団が原爆資料館を運営しているのですが、若者を集めてホロコーストを学ぶツアーを行うのです。それは良いことなんですが、ホロコーストを起こしてその後過去の克服をしているドイツの歴史を学ばなければならないのに、ホロコーストのことだけを学んで、私たちも大虐殺をうけたということで被害だけに目を向けるわけです。

――いったい何を目的にしているのか」と言わざるを得ない。何のために若者をアウシュヴィッツに連れて行くのか。アウシュヴィッツが起きたことに対してドイツはどのようなことを行ってきたのか。どのような教育を行い、責任問題を問い続けてきたのか。ところが、ただ自分たちと同じ被害者ですという。自分たちの加害の問題には一切眼を向けず、被害の問題だけは論じる。ホロコーストと比較することによって、広島の被害がいかにひどかったかと言いたい、そこだけなんです。

——被害を利用するのはどこでも同じで、まさにイスラエルがそうです。自分たちが被害者であることだけに焦点を当てる。

田中 第二次世界大戦終結70周年という時期にあたって、私たちは被害と加害の両方がどのように絡み合っているのかを問題にしなければいけない。ところが、それが全然なされていない。むしろ、安倍首相が悪い方向に向かわせようとしている。それを批判するために、最近、文章を書きました（「『忘却の穴』と安倍晋三——安倍の中東訪問と人質事件に関する私見」ピープルズ・プラン研究所ウェッブサイト掲載論説、2015年1月23日）。皆さんご存じのハンナ・アーレントについて書いたものです。

——現在、ハンナ・アーレントをめぐって日本では妙な綱引き状態になっています。朴裕河さんの著書『帝国の慰安婦』を取り上げて、朝日新聞は「朴裕河こそアーレントである」という異様な主張を2回も掲載して、持ち上げました。非常に驚きました。この人はアーレントを読んだことがあるのだろうかと思いました。アーレントが不思議な形で使われています。田中さんの「安倍談話で法外なウソをついて」とありますが、その法外なウソとともに小さなウソが山のように、法外に積み重ねられています。その一つひとつを追及するには本当にとんでもないエネルギーを使います。

田中 アーレントは「記憶の操作」ということで、非常に素晴らしい分析をしています。ナチスがもっともひどい犯罪をやったのですが、それを非常にうまく分析している。「忘却の穴に入れる」という言葉です。日本人も戦争犯罪や人道に対する罪を行ったことを否定するということは、忘却の穴におしこめてしまうのと同じだと思います。「忘却の穴」を掘っている人間がアーレントを恣意的に引用するのはおかしい。

❖朝日新聞記事訂正問題

――2014年8月5日の朝日新聞記事訂正問題、そこから波及した河野談話検証問題も含めて考えたいと思います。

田中　これは明らかに記憶の操作、情報操作です。2014年6月20日に最初の河野談話の検証がありました。あそこで一度河野談話にダメージを与えている。

その後、7月15日から国連自由権規約委員会が開かれました。そこで「慰安婦」問題、人権問題、ヘイト・スピーチが取り上げられました［ヘイト・スピーチについて本書89頁］。その場に「在日特権を許さない市民の会（在特会）」の人たちが行って、委員に対して罵声を浴びせるようなことまでしています。いわば「ヘイト・スピーチ」を国連の委員会で行ったわけです。7月23日に国際自由権規約委員会から日本政府への勧告が出ました。自由権規約委員会は何度も日本政府に勧告してきましたが、ここでもまた批判して、日本政府がこの問題で誠意ある政策をとるようにと勧告を出しました。この後、続けて8月6日には国連人権高等弁務官ナバセム・ピレイ（南アフリカ）が声明を出して、「（自分は）２０１０年に訪日した際、戦時性奴隷被害者に救済措置を提供するよう日本政府に求めたが、権利を求めて闘ってきた勇気ある女性たちが権利回復や賠償を手にすることなく亡くなっているのを目にして、心が痛む」と述べました。

そこに突然、８月５日、朝日新聞が吉田証言問題の記事を出して自分が間違っていたと発表します。微妙なタイミングです。朝日新聞もプレッシャーを受けていたんだと思います。新聞記事だけでなく、この時期を前後して週刊誌がひどい朝日叩きを行っています。河野談話検証から、ずっと続いているわけです。安倍政権の方で色々なプログラムを組んで計画していたのではないかと思います。

――第一次から第二次安倍政権の流れから言って、繰り返し執拗に画策されてきたと見るべきですね。

田中　河野談話を継承すると言っておきながら、ないものにしようとする。朝日新聞の場合も、こんな昔の記事を、誰も問題にしていないことを自分で蒸し返すというのは不可思議なことです。驚いたのは、産経新聞はもちろんのこと、読売新聞、毎日新聞も朝日新聞を批判しました。当時、どこも同じような記事を書いていたわけです。

――北星学園大学事件では、元朝日新聞記者の植村隆さんに対して、産経新聞を先頭に激しいバッシングをしました。「植村さんが強制連行を捏造した」というデマキャンペーンです。ところが、植村さんの調査によって、実は植村さんではなく、産経新聞が強制連行の記事を書いていたことが判明しました（植村隆『真実――私は「捏造記者」ではない』岩波書店、２０１６年）。自分たちが書いた記事を棚に上げて、異常な朝日新聞叩きをしたのが産経、読売、毎日という卑劣なメディアです（さらに、『北星学園大学バッシング　市民はかく闘った――2014―2016』負けるな北星！の会、2017年）。

田中　歴史家ですので、戦前戦中の様々な資料を読みますが、頭の中ではわかっていました。大正デモクラシーが崩れていって変なことになっていくのは頭ではわかっていたのですが、実感としてこんなに変な社会になっていくことを体では理解できていませんでした。知識の上ではわかっていたのですが、いまの時期に照らし合わせて実感として伝わってくる。それが恐ろしいことです。今一番感じているのは大学の問題です。大学の中で発言する人がいなくなってきている。権力に対して物を言わない。

――一方では権力擁護発言をする学者が急激に増えました。御用学者があちこちにひしめいています。他方では権力批判が激減しています。学者に限らずマスメディアも含めて、チェック機能がなくなりつつある。

❖広島大学事件と歴史学

田中　2014年5月に在日朝鮮人の広島大学准教授が自分のクラスで「慰安婦」問題に関する映像を見せました。『終わらない戦争』という非常にすばらしいドキュメンタリーフィルムです。これを見た学生の一人が、産経新聞に「国立大学の教員がこんなひどい授業をした」と投書して、産経新聞が教員を非難するキャンペーンを張りました。私は大学の中から産経新聞批判が起こるだろうと考えましたが、まったく起こりませんでした。ごく一部の先生が在日の教員を擁護する形になりました（崔真碩『朝鮮人はあなたに呼びかけている』彩流社、２０１４年）。大学の中で主だった動きは全くありません。学長と学部長が真っ先に産経新聞に抗議文を出すべきですが、まったく動きませんでした。

――マスメディアが特定の歴史認識に立って授業に介入し、「在日叩き」をした。学問の自由や大学の自治に対する攻撃です。しかもマイノリティに対する差別の疑いが大きい。

田中　私は広島の「慰安婦問題解決ネットワーク」というグループの立場で、抗議文を学長と学部長に出しました。それに対して一切返事はありませんでした。

――返事もないのですか。

田中　これだけひどく学問の自由を侵されておきながら、学長が沈黙してしまうのは、あまりにもひどいです。平和学を主張する広島大学がこの問題を全く無視したことは、国際的にも恥ずかしい。そういう内容の抗議文を書きましたが、まったく返事もありませんでした。

――立命館大学でも、在日朝鮮人の非常勤講師が朝鮮学校高校無償化除外問題について学生の署名運動を容認したということで、やはり産経新聞に取り上げられて叩かれました。広島大学も在日の准教授でした。彼らがターゲットにされています。学問の自由、大学の自治が侵害されて、しかるべき対処をすべきにもかかわらず、それもなされないという二重の問題がある。学問の自由の問題とともに、マイノリティに対して攻撃が仕掛けられているのに、マジョリティの側が黙ってしまう。「慰安婦」問題では、なんとマジョリティの研究者は事実上「学問の自由という名の特権」を主張していま

す。被害女性の訴えを放置しながら、研究者の「学問の自由」ばかり訴えています。

田中　私たちが反省しなければいけないのは、歴史学で１９７０～80年代はわれわれが「主流」でした。書店にもわれわれの主張の本が並んでいて、非学問的な歴史修正主義の本はほとんどありませんでした。これだけの研究成果が受け入れられているのだから覆ることはないだろうと、安心感があったのだと思います。もっと研究成果を使って、「過去の克服」を教育問題としておかなければならなかった。

例えばドイツですと、テオドール・アドルノ（１９０３～６９年）という哲学者が１９５９年に過去の問題についての論文を書いています。彼はこういう風に言っています。ナチスはこの社会にまだ生きている。これをどうするのかをきちんと考えないと大変なことになる。民主主義の中でナチスが生きているということは、ナチスと闘っている状況よりももっとひどいことだ、と。民主主義に直接対抗してナチスが台頭してきた時、市民には敵が見えている。ところが、ナチスが民主主義の中で生きている状況は敵が直接には見えないため、本当に大変なことなので、教育で覆していかなければならないと、アドルノは教育を重視しました。

――外にあるナチスは見えるけれど、ナチス的なものが内に入ってしまうと見えない。

田中　１９６０年代に入って、日本で言うと安保闘争の時代に、ドイツでも学生運動が起こって、アドルノが「過去の克服」に対する教育問題という提起をしていた。学生の間でも過去の克服をどうするのかが問われました。

日本も60年代後半から、家永三郎先生（東京教育大学名誉教授）が、文部省（当時）の教科書検定が違憲であるとの訴訟を始められたり（家長先生の教科書裁判闘争は90年代まで続きました）、70年代に作家の小田実やジャーナリストの本多勝一の本などが出てきたときに、これを教育にどう生かしていくのかと考えなければならなかった。それが不十分でした。私たちの歴史研究成果が学会でこれだけ受け入れられているのだから、これが覆ることはないという判断だったと思います。ですが、ポピュラーカルチャーは学会のことなど考えていません。ポピュラーカルチャーで勝手にやるわけです。ですから、学会で受け入れられていることを、どのようにしてポピュラーカルチャーのレベルで広げていくか。それは教育しかない。

❖「慰安婦」研究の経緯

――教科書問題ということでは、家永三郎さんの教科書訴訟、高嶋伸欣さん（琉球大学名誉教授）の横浜教科書訴訟もありました。南京大虐殺や沖縄戦の研究も含めて、80年代にはそれなりの歴史学者や市民の取り組みもあり、教育にいかに取り入れていくのかという運動もずっとあったわけです。「慰安婦」問題の場合は90年代になって本格的に議論が始まるわけですが、90年代前半、戦後民主主義の延長上で歴史研究から教育までそれなりの取り組みがあったにもかかわらず、90年代後半から逆流が激しくなりました。

田中　私は１９７６年に修士課程を終えて、日本を出てイギリスのリーズ大学大学院に行きました。

1979年にオーストラリアに移って、そこで20年間教えていました。ですから、当時の日本の状況がよくわかっていません。今でもわからないことがあります。「慰安婦」問題は、私がオーストラリアに移って日本近現代史の一環で教えるようになりましたが、それまで、オーストラリアの大学で日本人が日本近現代史を教えるということはありませんでした。太平洋戦争中に日本軍がタイとビルマ国境を超える泰麺鉄道を突貫工事で建設し、捕虜になったイギリス人やオーストラリア人を強制労働で酷使しました。オーストラリアでは、被害を受けた人々が日本政府に対して賠償を求める裁判闘争を起こしました。その関連で彼らは日本から資料を送ってもらっていたのですが、資料は日本語なので私に翻訳の依頼が来ました。

考えてみたら、日本の戦争犯罪に関してまともに研究している人がオーストラリアにはいない。これは本格的にやらなければならないと思いました。オーストラリアのキャンベラに戦争博物館があって、そこの資料室に日本のBC級戦犯の裁判記録や、戦時中の日本軍が犯した戦争犯罪の報告書がたくさんありました。それを調べ始めて1993年に日本語で本を書きました。

――『知られざる戦争犯罪――日本軍はオーストラリア人に何をしたか』（大月書店、1993年）です。バンカ島のケースや、ニューギニアでオーストラリア兵士に対して何をしたのかという非常にショックな研究です。

田中　その本に基づいてもう少し拡大して英語の『Hidden Horrors』（『隠された恐怖』）という本を書きました。『知られざる戦争犯罪』にも書いたのですが、日本軍がマレーに上陸してシンガポールに侵攻した時、オーストラリア軍の看護婦グループがシンガポールにいて、女性たちがオーストラリアに逃げるために乗せられた船が日本軍に攻撃を受けて、バンカ島というインドネシアの島に上陸しました。そこで捕まえられて収容所に入れられたのですが、この看護婦の一部が「慰安婦」になるように言われて、拒否した事件がありました。そのことを1章書いています。

当時、吉見義明さんが最初に作った「慰安婦」問題の資料集が大月書店から出ていますが（吉見義明編『従軍慰安婦資料集』大月書店、１９９２年）、その際に私もオーストラリアからこの関連資料を送りました。その後、イギリスの出版社が私にアプローチしてきて、「慰安婦」問題だけで1冊書いてほしいと依頼されました。

――日本で議論が始まった時期に、田中さんはオーストラリアで調査を進めていた。

田中　１９９６年に『Hidden Horrors』という英語の本を出して、さらにその1年後くらいにイギリスのラトレッジという出版社から依頼が来て書き始めて、２０００年に出しました。吉見義明さんの本が英語で出たのとちょうど同じ頃です。

――「慰安婦」問題に関する英語の著作は１９９０年代前半まではジャーナリストのヒックスの著作しかなかった。田中さんの本も吉見さんの本も２０００年の出版ですね。

田中　私の本は、前半部分が日本軍「慰安婦」の問題、後半部分が日本占領期の「慰安婦」問題です。米軍や豪軍の「慰安婦」問題を取り扱っています。同じ時期にＮＨＫが『アジアの慰安婦たち』という番組を作るということになりまして、現在「女たちの戦争と平和資料館」館長の池田恵理子さんが

NHKにいらして、彼女も番組制作に携わっていました。彼女たちが私にアプローチしてきて、アメリカの公文書館にいって関連資料を見つけてきてほしいと頼まれました。それでアメリカに行きました。そのとき疑問に思っていたのが、なぜこれだけ女性搾取が行われていたにもかかわらず、米軍は裁判にしなかったかでした。NHKの番組とは関係なかったのですが、その関連の資料はないかと調べ始めたら、どさっとでてきたのが、アメリカ軍の戦時中の売春婦の問題です。

――それは雑誌『世界』（1996年10月、11月号の2回連続）に書かれた論文の内容ですか。

田中　はい。占領期の資料も出てきたので、本の半分は米軍の慰安婦問題です。同時に、これだけの資料がアメリカにあるのなら、オーストラリアの豪州軍の資料もあるはずだと思ってオーストラリアの公文書館、戦争博物館に行って探したらやはりあったので、それを使って本の半分を書きました。ですから、タイトルが『Japanese comfort woman』といいますが、副題は「太平洋戦争期と占領期の慰安婦」というものです。

――日本軍による「慰安婦」と日本における「慰安婦」ということですね。

田中　「慰安婦」問題だけではなくて、戦争犯罪研究をおこなうようになったのは、オーストラリアの捕虜の方が私を訪ねてきたこともありますが、実は子どもの頃から戦争問題に非常に興味がありました。私の父親は関東軍中尉で満州にいました。父の兄弟が3人いまして、みんな戦時中は関東軍の士官で満州に駐留していました。子どもの頃に正月とかお盆に親族一同が集まり、お酒を飲んだりすると戦争中の話になりました。良いことしか言わない。中国軍がひどかった、戦場がひどかったという話になります。ただ私の父は「戦争は負けるだろうと思っていた」と言っていました。毛沢東軍の行動が日本軍とまったく違ってきちんと原則に基づいていて、非常に士気の高い軍隊で、これを見て日本軍は負けるだろうと思ったと何度も言っていました。そういう話をしょっちゅう聞くわけです。そうすると自然と中国で何をしていたのかを読むようになりました。高校の頃に、朴慶植『朝鮮人強制連行の記録』（未来社、1965年）を読んでショックを受けました。それで父に質問しましたが、「戦地には女性はいなかった」とごまかされました。本当はどうだったのだろうと以前から興味を持っていました。ですから、オーストラリアの捕虜の方と交流するようになってから、昔抱いていた興味が再度わいてきました。

❖アメリカ下院決議の裏舞台

――田中さんの英文著作が2007年のアメリカ下院決議に関わってくるので、そのあたりの経緯をご説明願います。

田中　最初は私も知らなかったのですが、2007年にマイク・ホンダ議員が「慰安婦」問題勧告案をアメリカ連邦議会の下院に出しました。

――第一次安倍政権が「慰安婦」否定発言を繰り返したために国際問題になっていました。

田中　マイク・ホンダは日系の国会議員ですが、人権問題に長く取り組んできました。日本関係だけではなくてアメリカのマイノリティ問題にも長く関わってきた方で、人権問題の意識が非常に高い人です。彼のイニシアティブで「慰安婦」問題に関するアメリカのコメントを出そうということになりました。ちょうど安倍首相の訪米と重なったのですが、２００７年に慰安婦の方をアメリカに呼んだのです。オランダ人で元慰安婦にされたジャン・ラフ・オハーンさんという、現在はオーストラリアに住んでいる方や、韓国の元慰安婦の方も呼ばれて、議会で証言されました。アメリカの友人から「お前と吉見さんの資料を使っているぞ」というメールが来てはじめて知りました。

――１９９０年代には国際法律家委員会報告書（『国際法からみた「従軍慰安婦」問題』明石書店、１９９５年）、**クマラスワミ報告書、マクドゥーガル報告書がありましたが、２０００年に吉見さんと田中さんの本が、それぞれ英語で出版されました。**

田中　不思議だったのは、私の本の半分は米軍がいかに悪いことをやったのかを書いているのですが、そのことには全く触れていませんでした。日本軍「慰安婦」問題だけを取り上げていましたが、とにかくそういう形で報告書が出ました。その時に、右翼やおそらく新しい教科書をつくる会の人たちが「田中という奴は誰なのか」ということで騒いだのです。

――田中利幸という名ですが、オーストラリアでは「Yuki Tanaka」で通っている。著作もYuki Tanakaの名前で出版された。

田中　日本では「Yuki Tanaka というのはけしからん女だ」ということでネット上の情報がたくさん出ていました（笑）。私は１９７６年から英語圏では Yuki Tanaka を使っています。それで女性と間違われて、この女はいったい誰だということで騒がれた。こちらも面白半分でいつになったら気づくのかと思っていたら、最終的にはようやくわかったみたいで、「女であるように偽ってうそを書いている」といって非難しています。全く的外れです。はるか前からYuki Tanakaと名乗っていました。

❖「慰安婦」の特殊性と普遍性

――2007年のアメリカの決議では田中さんや吉見さんの著作が使われたのですが、それ以前、英語ではヒックスの著書しかなかった。この間、国際社会の「慰安婦」問題の理解というのは戸塚悦郎さん（弁護士、後に龍谷大学教授）が国連人権委員会で取り組んだこと、韓国挺身隊問題対策協議会がアジアやアメリカで訴えてきたこと、そして田中さんと吉見義明さんの著作――こういうもので研究が深められてきました。他方、先ほど触れた『世界』の論文では、米軍の管理売春に関わる問題が取り上げられています。

田中　「慰安婦」問題は日本の特殊な問題ですが、その根底にはもっと深刻な問題があります。戦争と女性の問題であり、戦争における性の搾取の問題です。これを最終的には問題にしなければならない。日本軍「慰安婦」が特殊でおかしかったというだけでは問題は片付かない。もっと普遍的な問題にまで突っ込んでいく必要があるので、アメリカの戦時中の管理売春の問題を書きました。

――日本軍「慰安婦」問題の特殊性と、戦争における、あるいは軍隊による女性の性的搾取という普遍的な問題がどうからんでいて、どう議論していくべきかの整理がまだできていません。一方で、国連安保理事会は、軍隊による性暴力に国際社会が取り組まなければならない、と大きな枠組みで言っている。旧ユーゴスラヴィアやルワンダでは国際刑事法廷で裁かれた。ナチスの強制収容所にも「慰安婦」被害者がいたことも判明しました。まさに普遍的な問題です。その中に日本軍「慰安婦」問題も位置する。他方で日本の右翼からすれば、なぜ日本だけがこんなに批判されなければならないのかという、違う意味での特殊性が出てきます。

田中 私の本の結論部分でその問題に理論的に取り組んだのですが、結論部分だけは日本語になっています。宮地尚子編『性的支配と歴史』（大月書店）という本があるのですが、「国家と戦時性暴力と男性性」というタイトルで、日本軍「慰安婦」の特殊性と他の軍の性暴力との共通性を理論的にアプローチしました。

――少しご紹介願います。

田中 日本軍「慰安婦」問題には5つの特殊性があります。第1は地理的な広範囲性です。アジア太平洋地域全域に女性が移動させられた距離の長さの点ですね。非常に長距離のところを連れていかれています。

――「アクティブ・ミュージアム女たちの戦争と平和資料館（wam）」が作成した地図では、まさに東アジアと西太平洋の全域に「慰安所」が設置されています。

田中 第2に、性的搾取を受けた女性の絶対数の多さです。推定値ですが、7～8万という人もいますし、10万という人もいますし、そんなに多くはないという人もいます。私は8万人くらいいたと思います。というのは、「慰安婦」というのはわれわれが考えているように韓国人、朝鮮人、中国人などの女性を連れて行った問題だけではなくて、現地で「慰安婦」にさせられた人は非常に多いんです。例えば、ナウル島という非常に小さな島があって、ナウル女性たちも「慰安婦」にされた。

――ナウルは太平洋の赤道直下にある小さな島で、リン鉱石の産地として知られます。軍隊を持っていない国なので、一度調査に行ってきました。

田中 そういう風に、日本軍は行った先々の現地で搾取している。「慰安婦」と呼ばれたかどうかはわかりませんが、現地で性奴隷とされた人たちがたくさんいる。しかも年数も長い。

――数の問題は、否定派がさかんに取り上げるテーマです。「慰安婦」政策をとった日本軍の責任であるにもかかわらず、日本側が数を示しません。それどころか、証拠資料を焼却処分しました。いまなお事実を明らかにしようとしません。

田中 第3は、多民族性です。犠牲になった民族の多さです。朝鮮人、中国人、ニューギニア人、フィリピン人、南西太平洋の人たちなどたくさんいます。

――最近はようやく日本人「慰安婦」の研究が始まっています。他方で、オランダ人やフランス人に対する事例もわかってきました。

田中 第4は、女性に対する性暴力の激しさと期間の長さです。一度「慰安婦」にさせられると非常に長い期間逃げられず、証言を聞いてみると暴力の激しさがあります。とりわけ、抗日運動が強かったところではもろに女性を略奪してきて強姦して、強姦工場とも言えるほどの状態にしています。中国の山西省やフィリピンもそうですが、ゲリラ部隊が強かった地域は必ずそういう風になります。「慰安婦」問題の本質は、抗日戦線の一番激しかったところに現れると思います。他のところは商業的な行為でごまかしている。形式上チケットを買うということなどでごまかしているところもありますが、本質は長期にわたる強姦です。

――性奴隷か売春婦かという議論でごまかされないようにする必要があります。

田中　第5は、軍指導部と政府が直接管理した問題です。この5つの点が特殊性としてあると思います。アメリカの場合はそこまではしてないのです。アメリカもイギリスも現地にすでにある売春宿を軍専用にする、指定するという形にしています。そして性病をなくすためにコンドームを送るというようなことはしています。しかし、強制的に女性を連れて行って性奴隷として使うということはしていません。ここが決定的に違うところだと思います。英軍も中近東で売春宿を使っていますが、強制的に女性を連れてきて監禁するということはやっていません。そこが根本的に違うところです。

❖性支配と植民地支配

――最近、永原陽子さん（京都大学教授）**がフランス軍及びドイツ軍の植民地における性の管理の問題を研究しています**（永原陽子編『「植民地責任」論――脱植民地化の比較史』青木書店、2009年）。２０１４

年11月にソウルのシンポジウムで永原さんがこの論文を発表したところ、韓国側から「そういうことを持ち出すと、日本の右翼がどこの軍隊もやっていたことだと弁解するのに使われる。敵に塩を送るようなことになりかねない」という意見が出ました。そこをどう乗り越えるのか。永原さんも色々な問題提起をされているのですが、アメリカであろうとイギリスであろうと軍隊における性の管理、それから性病の管理の問題があります。もう一つは植民地論です。植民地、占領地で特に性暴力が激しかった。

田中　『性的支配と歴史』の中の論文にも、植民地支配の問題との関連で書いておきました。性を支配するということは帝国主義的な原則に基づいています。軍隊で強姦がなぜ起きるか。敵の女性を強姦するということは支配の問題なんです。敵に対する支配をもっともシンボリックな形で表すのが敵に属する女性を強姦することです。90年代のボスニアもそうでした。強姦というのは単に性的欲望の話だけではなくて、支配の問題なのです。輪姦もそうです。男たちの間で支配の力をお互いに誇示しあう。これに加わらないやつは女々しいやつだということで村八分にあう。もっと大きく捉えてみると、敵の女性を支配するということは、敵そのものを支配するということで非常にシンボリックな形で出てきます。

――国連人権小委員会のリンダ・チャベス「戦時性奴隷制・組織的強姦特別報告者」の報告書（1996年）では、古典古代、つまりギリシア・ローマ時代の戦争からそうだったし、近代でも第一次世界大戦におけるドイツとベルギーの間などで同じことが起きたと書かれていたと思います。

田中　植民地の性を支配するということは、支配者の力を見せつけることなんです。日本が朝鮮を植民地支配した後、朝鮮での売春業が急増します。日本帝国主義の力を見せるために植民地化した土地の女性の性を搾取する。これが植民地支配の力を誇示するもっともシンボリックな形なのです。

――「お前たちは抵抗できないんだ」と思い知らせる。

田中　イギリスがインドを支配した際、イギリスが入ってくると売春宿が一気に増えます。インドネシアでも、オランダ支配期に一気に増えます。朝鮮の場合もインドの場合もそうですが、すでに商業売春があるところでは商業売春が増えますが、商業売春がないところ、例えばオーストラリアにはアボリジニしかいません。イギリスが入ってきたときに商業行為はないので、もろに強姦します。アボリジニの女性たちが強姦され、性病が増えます。性病が増えると子どもが産めなくなります。そうすると人口が減ります。植民者が来たときにアボリジニの人口が一気に減ったのは、単に男を殺しただけではなくて、女性が子どもを生めなくなったわけです。これが人口減少の一つの大きな原因です。

――きれいごとで済ます場合には「伝染病のために亡くなった」と説明する。

田中　アメリカにイギリスが植民者として入ってきたときにネイティヴ・アメリカン（アメリカン・インディアン）の人口減少が見られました。強姦が増えたために同じような現象がありました。日本でも、明治以降、北海道に植民者が入っていったことで性病がものすごく増えてアイヌの人口が減ります。明治の終わりの頃にすばらしい本を書いたお医者さんがいて、ずっと統計を取っていて、これだけ人口が減ってきたのは強姦が増えて性病が増えていると言っています。普遍的な問題がここに現れている。植民地化と性の搾取、軍隊と性の搾取――これはパラレルに出てきます。

❖ハンブルクの研究プロジェクト

――2014年11〜12月にドイツ等で報告されたそうですが、その時のエピソードをお話しください。

田中　3年くらい前にハンブルク社会研究所というところから連絡が来て、「紛争時における性暴力問題」という研究プロジェクトチームがあるので、そこに加わってくれないかとお招きを受けて、行きました。ハンブルク社会研究所というのはハンブルク大学付属研究所だろうと思っていたのですが、個人がやっている研究所でした。ここの所長さんがハンブルク大学教授で、この方のお父さんが大富豪です。ヨーロッパで一番大きなタバコ会社の持ち主でした。戦前からある会社で、戦中、ナチスに協力したそうです。幸いにして彼は戦後、戦犯裁判にかけられることなく商売もそのまま続けることができた。1980年代半ばにお父さんが亡くなられて、財産をすべて贈与されたそうですが、その財産をすべて売ってハンブルク社会研究所を作って、自分が所長になったそうです。この施設が非常に大きくて地下3階地上2階あって、地下の階がすべて図書室で研究員が80人くらいいます。

――広島平和研究所は何人ですか（笑）。

田中　聞かないでください（笑）。ハンブルク社会研究所研究員の多くが大学院で勉強している学生たちです。それにしても80人というのは多い。三つの大きなテーマで研究プロジェクトを行っているのですが、一つはもちろんナチスのこと。二つ目は現代ドイツの社会政治問題。三つ目が暴力問題。その中に軍の性暴力というプロジェクトがあるわけです。20人くらいメンバーがいて世界各地から軍の性暴力の研究経験がある人たちを招いて、ワークショップを年1回行っています。私はこれまで3回出席していますが、必ずハンブルクで行うわけではありません。去年はロンドン大学で行われました。だいたい20人くらいいるのですが、ほとんど女性で、男は2人しかいません。世界のトップクラスの研究者たちです。本当に色々な性暴力のパターンがあり、女性が加害者の性暴力もあるわけです。

——「過去の克服」をやってきた土台があって、その上に立っている。

田中　だから、こういう研究ができるわけです。土台に基づいて、同じような問題が起こったときにどういう風に解決していくかという視点に立っていますから、しっかりしています。そこで「慰安婦」に関する特殊性と普遍性の問題についての報告を行いましたし、最近は安倍首相の河野談話をめぐる問題、朝日新聞の問題に関しても報告をしました。15年7月に紛争時の性暴力問題の大きな国際会議を3日間かけてハンブルグで開催しました。基調講演はスーザン・ブラウンミラーという世界的に有名なフェミニストの学者です。１９６０年代に『Against Our Will』（邦題『レイプ・踏みにじられた意思』勁草書房）というすばらしい本を書いています。今でも売れていてロングセラーです。その中で彼女は南京の日本軍「慰安婦」問題に関しても触れています。

——ハンブルクで初めて「慰安婦」問題を報告した時の反応はいかがでしたか。

田中　みなさん私の本を読んでいました。一番問題になったのは、売春婦と慰安婦の違いと類似性に関してでした。私は、売春婦というのは基本的には性奴隷だという考え方を打ち出しています。売春婦がお金で買われている間、どんなに現代的な形態であろうと、客はお金で人の体を買うわけです。普通の品物とは違う。生きている人間を買うわけです。その間はその人の体は買った人の所有物になるわけで、それはある意味では奴隷です。ですから、売春婦の奴隷制と性暴力の奴隷制は本質的に同じものがあるというのが私の考え方なのです。

しかし、フェミニストからするとそうではないようで、「女性には売春をする自由もある」という考えの方もいます。ですからそこで議論になります。私がそういう考えに到達したのは、上野千鶴子さん（東京大学名誉教授）が私を批判したことがきっかけです。ジェンダーとナショナリズムの問題になって、「田中は慰安婦が売春婦と違うということで議論を展開しているが、そういう言い方は売春婦を差別している」と上野さんが言われた。つまり田中は、「慰安婦の方は大変だったけど、売春婦は別に良いですよという風に受け止めている」というわけです。それはおかしいのではないか、と。しかし、上野さんはこの問題をどのように理論的に解決するのかは言わないわけです。ご本人の意見は言わずに私を批判したわけです。私は、上野さんに対する反論として、この問題に理論的な立場で結論を出そうと考えた結果、こういう結論にいきつきました。売春婦も奴隷の一種である。

――この間の議論としては、「当時は公娼制があった。公娼だったから性奴隷ではない」という主張があります。それに対して小野沢あかねさんは「公娼制自体が性奴隷ではないか」と言っています。ともに性奴隷という点では共通であるという議論をしているわけですが、田中さんは公娼制に限らず、

すべて奴隷制であるということですね。

田中　今現在の問題としても、風俗の女性たちがいますが、体を売るということは物を売るということとは全然違うわけです。30分なり40分なり時間を制限してでも、その間だけは買った女性の身体は自分のものであるというのが男の考え方ですよね。その間自分を満足させなければ暴力を振るうわけです。暴力を振るうのはそういう理由だと思います。ですから、奴隷的な側面があると私は思うのですが、ヨーロッパでは、例えばオランダもそうですが、自主的な売春は合法です。それが影響しているのかどうか知りませんが、「女性には売春をする自由があるから奴隷ではない」と反論する方がいます。

――日本では1990年代後半にその議論を行っていました。自由意思論をどう見るのかということと、「性の商品化」という言葉を使って、フェミニストの間でもかなり議論が分かれていました。その後どのように決着がついたのか私は正確には知りません。その議論が「慰安婦」問題の解決につながるとは到底考えられないので、関心がありませんでした。むしろ、解決のための議論を封じるものだと考えていました。実際、その通りになりました。議論は「性の商品化」だけではなくて、労働力の商品化すべてがからんでくることになります。

田中　突き詰めていけばお金を払われているわけだから、自分の体も自由ではないわけですからね。ただ、労働力と違うのは、女性の体自体が使われる。

――そこは商品化の問題ではなくて、人間の尊厳に関わる問題ですよね。

田中　私も論文で展開していますが、女性が買われている間は個人として、人間としての尊厳を失うわけです。人間性が失われるということです。不思議なことなのですが、生きている人間なのに、商品としては死んでいる人間。売春というのは不思議な形態です。普通の商品とされている面もあり、人間としての尊厳も個人としての人格もその間は消えうせる。そこが違うところだと思います。

――「人間の尊厳を失った女性の性の商品化の自由」という珍妙な議論をしていたことになります。

❖日韓合意をどう見るか

――2015年12月28日の日韓合意をどう見るかをお願いします（田中利幸「安倍晋三と日本軍性奴隷問題」前田朗編『「慰安婦」問題・日韓「合意」を考える』彩流社、2016年）。

田中　「日韓合意」では、日本政府は「責任を痛感している」と表明し、日本側が10億円という資金を提供することで「最終的かつ不可逆的に解決」するという形で合意したと発表しました。安倍政権が「最終的かつ不可逆的に解決」という表現で具体的に要求したことは、10億円を受け取る韓国側が、これ以降、この問題を再び取り上げないという約束をまもり、かつ、ソウル日本大使館前に置かれている「慰安婦少女像」も移転させるということだったわけです。「責任を痛感している」はずの安倍政権が、本来の被害者であるハルモニたちに対しては直接に「謝罪」表明は全くしないどころか、結局は「10億円出すから今後はこの問題については黙れ」と言っている。「責任を痛感している」と言いながら、16年2月に開かれた国連女性差別撤廃委員会の日本政府報告書審査の際に、日本政府代表の杉山晋輔外務審議官が、「慰安婦強制」を証明する資料は見当たらないし、朝日新聞の誤報のせいで全く間違った情報が行き渡ってしまったと、世界中から失笑を買うような妄言を続けています。絶望的なのは、安倍自身をはじめ閣僚たちや安倍支持者たちが、自分たちがやっていることが、どれほど失笑を買う低劣な行為と国際社会から見られているのかを全く認識していないことです。

――日韓の間だけで解決できる問題ではない。

田中　日本軍性奴制の被害者は韓国人だけではなく、アジア太平洋全域にわたっているにもかかわらず、「日韓合意」では韓国以外の被害者の存在は完全に無視されました。安倍晋三が本当に「責任を痛感している」ならば、韓国以外の被害者に対する「謝罪」についても具体的にどのような形で「謝罪」するのかの説明をするのが当然なわけです。「日韓合意」発表があった数日後には、台湾政府が、台湾の元日本軍性奴隷に対して日本政府が謝罪と倍賞を行うことを要求する方針を発表しましたが、菅義偉官房長官は、日本政府は台湾の要求には応じないと答えています。「責任を痛感している」というのは、安倍流の真っ赤な嘘であることが明らかです。

日本軍性奴隷問題は「政治決着」できるような性質のものではなく、由々しい「人権問題」であり、いかにすれば被害者の「人権回復」につながるのかという視点からのアプローチが必要だという根本的認識が、安倍や岸田、それに飼い犬が主人に餌を求めて尻尾を振って媚びているような稲田朋美や高市早苗らの女性閣僚には、最初から欠落しています。日本の法的責任も認めない「最終的、不可逆的な解決」とは、結局、10億円という金で日本軍性奴隷の存在という歴史事実に関する記憶、本来は金では買えない記憶を、買い取ったという形にして、その記憶を抹消してしまうことを狙ったものです。「最終的、不可逆的な解決」とは、実にあさましい、人間として恥ずべき、低劣な政治行為だと思います。

——2017年の韓国大統領選の結果、文在演大統領が就任し、日韓「合意」の見直しが始まりました。「平和の碑（少女像）」をめぐる議論も続いています。これを契機に、国際法及び国際社会からの解決勧告に立ち返って、まともな議論をしたいものです。

コラム◉ヘイト・スピーチ

1　はじめに

ヘイト・スピーチという言葉はここ数年メディアで用いられるようになり、定着したように見えます。ヘイト・クライムという言葉も用いられますが、両者がどういう関係なのか必ずしも明らかでありません。よく混同されます。

ヘイト・クライムは、人種、民族、言語、宗教、皮膚の色など一定の属性を動機として行われる、殺人、傷害などの重大暴力事犯を念頭に置いています。２００９年にアメリカで制定されたヘイト・クライム法はこの例です。

ヘイト・スピーチは、人種、民族、言語、宗教、皮膚の色など一定の属性を動機として行われる、差別、差別の煽動、暴力の煽動を念頭に置いています。ＥＵ加盟国はすべてヘイト・スピーチを処罰する法律を制定しています。

ヘイト・クライムとヘイト・スピーチは重なり合い、完全に区別できませんが、ヘイト・クライムは暴力に力点があり、ヘイト・スピーチは煽動という括弧つきの「表現行為」に力点があると言えるでしょう。

2　ヘイト・スピーチの定義

この言葉がメディアで用いられることになったきっかけは、２００９年の京都朝鮮学校襲撃事件でした。いわゆる「在特会」のヘイト常習犯は刑事事件で有罪が確定しました。民事訴訟では１２００万円の損害賠償命令が確定しました。

ただし、注意をする必要があるのは、京都朝鮮学校襲撃事件では実行犯が差別発言を連呼し、差別の煽動や暴力的な脅迫に近い行為をするとともに、実力行使も行ったことです。刑事事件では威力業務妨害罪、器物損壊罪、侮辱罪が適用されています。スピーチの事件とは言い難い面があります。

同様に、大きな注目を集めた新大久保や川崎におけるヘイト・デモも単なるスピーチではありません。在日朝鮮人が集住する地域に集団で押しかけて、差別発言をまき散らし、地域の平穏を妨げています。商店街の営業にも妨げとなり、地域住民が安心して暮らすことのできない集団的脅迫や恫喝がなされています。

ヘイト・スピーチの中には、新聞や著書等の文章で特定民族を誹謗・中傷したり、インターネット上で特定民族であることを理由に排除を主張したりする事例も含まれます。この場合には「表現行為」と言えます。李信恵さんが被害を受けた反ヘイト裁判では、インターネット上で繰り返し誹謗中傷されたことを理由に不法行為で提訴し、一審で勝訴しています（未確定）。

このようにヘイト・スピーチは、多様な行為によって行われます。

２０１６年に制定されたヘイト・スピーチ解消法は次のように定めています。

「この法律において『本邦外出身者に対する不当な差別的言動』とは、専ら本邦の域外にある国若しくは地域の出身である者又はその子孫であって適法に居住するもの（以下この条において「本邦外出身者」という。）に対する差別的意識を助長し又は誘発する目的で公然とその生命、身体、自由、名誉若しくは財産に危害を加える旨を告知し又は本邦外出身者を著しく侮蔑するなど、本邦の域外にある国又は地域の出身であることを理由として、本邦外出身者を地域社会から排除することを煽動する不当な差別的言動をいう。」

これが現在の日本におけるヘイト・スピーチの定義です（ただし処罰規定ではありません）。国際社会にはさまざまな定義があり一様ではありません。重要なのは、差別とその煽動がどのような文脈で行われるかを理解することです。

3　ヘイト・スピーチの被害

憲法学者やジャーナリストの中には、「表現の自由だからヘイト・スピーチを規制してはいけない」という意見が根強くあります。

第1に、ヘイト・スピーチを「表現」に切り縮めて、暴力的・脅迫的側面や差別や暴力を煽動する側面を軽視しています。ヘイト・スピーチとヘイト・クライムの関連を見落としているとも言えます。

第2に、それゆえ被害を無視又は軽視します。一部の著名な憲法学者は何一つ根拠を示すことなく、「言論は被害を生まない」と断定してきました。

しかし、ヘイト・スピーチは多くの被害を生み出します。

第1に、表現が多大の被害を生み出すことは常識です。セクシュアル・ハラスメントやパワー・ハラスメントでは、言葉による被害の重大性が確認されています。言葉によるハラスメントのために病気になる人が多数いるのです。

第2に、ヘイト・スピーチは単なる「表現」にとどまらず、迫害や社会的排除の主張により、被害者の生命権、生存権を脅かします。

第3に、ヘイト・スピーチは被害者集団の人間の尊厳という基本的価値を侵害します。

アメリカの社会学者クレイグ‐ヘンダーソンはヘイトの心理学的影響として、①継続する感情的苦悩、②自信喪失、③逸脱感情、④帰責の間違い、被害者集団間への影響、を概説しています。

カリフォルニア・ルーテル大学准教授のヘレン・アン・リンは、ヘイト・クライムは、被害者及びそのコミュニティを脅迫するためのメッセージ犯罪であり、ある集団に属しているが故に被害者に向けられる象徴的犯罪であると言います。

ヘイト・スピーチの被害はマイノリティに集中しがちであるために、マジョリティには認識しにくい特徴を持ちます。しかし、マイノリティであるがゆえに攻撃されるため、被害はいっそう甚大なものとなるのです。

4　ヘイト・スピーチ規制の必要性

日本国憲法はヘイト・スピーチの規制を要請しています。

第1に、日本国憲法は第二世界次世界大戦とファシズムへの反省に立って制定されたものであり、その基本精神に従って解釈されなければなりません。何よりも重要なのは、民主主義と憲法9条の思想的連関を明らかにすることです。憲法前文及び第9条が宣明している平和主義の観点をしっかりと踏まえるべきです。

第2に、日本国憲法第13条は、個人の尊重、人格権、幸福追求権の規定です。諸個人の属性に着目してその諸個人の生存や存在を否定することは許されません。

第3に、日本国憲法第14条は法の下の平等を定めています。ヘイト・スピーチを受けない権利の根拠規定です。

第4に、日本国憲法第25条は生存権を定めています。ヘイト・スピーチは他者の存在に対する攻撃であり、アイデンティティに対する攻撃であり、被害者の人間存在そのものを否定しています。

第5に、日本国憲法第21条は表現の自由を保障しています。憲法学は表現の自由の保障を持ち出してヘイト・スピーチ規制に消極的です。しかし、憲法第13条や第14条を無視する根拠にはなりません。憲法第12条は自由には責任が伴うことを明示しています。語られるべきは表現の自由ではなく、表現の責任です。

第6に、表現の自由を保障されるべきなのはマイノリティです。マジョリティの一員によるヘイトはマイノリティの表現の自由を奪います。「沈黙効果」と呼ばれるように、圧倒的なマジョリティの前にマイノリティは声を失うしかありません。

第7に、レイシズムと民主主義は両立しません。ヘイト・スピーチはレイシズムの一現象形態です。他者の存在を否定するヘイト・スピーチは民主主義を破壊します。民主主義を守るためにヘイト・スピーチの処罰が不可欠です。

表現の自由を守るためにヘイト・スピーチを処罰する。これが日本国憲法の立場です。

5　世界のヘイト・スピーチ法

世界人権宣言をはじめとする国際人権法は人間の尊厳の保障を最大の課題としています。すべての人々に等しく人間の尊厳を認めないと、人権保障は意味を失うからです。

国際自由権規約は人種・民族的な差別の唱導を法律で禁止するという形で、ヘイト・スピーチ規制を定めています。その解釈は、国連人権高等弁務官事務所が主催したラバト会議で「ラバト行動計画」としてまとめられています。

人種差別撤廃条約第4条はヘイト・スピーチの処罰を要請しています。差別と暴力の煽動、ヘイト団体の設立や加入、そしてヘイト団体への資金援助を禁止しています。刑事規制の解釈は、人種差別撤廃委員会の一般的勧告「人種主義的ヘイト・スピーチと闘う」に示されています。

約170の諸国が人種差別撤廃条約を批准・加入していますから、ほとんどすべての国々にヘイト・スピーチ処罰法があります。ヘイト・スピーチ処罰規定がまったくないのは日本などごく一部にすぎません。EU議会はヘイト・スピーチ処罰を要請する枠組み決定をしましたから、EU加盟国はすべてヘイト・スピーチを処罰します。

6「アウシュヴィッツの嘘」処罰規定

ドイツでは、ナチス・ドイツ時代のユダヤ人虐殺などの歴史的重大犯罪の事実を公然と否定する発言をすると、犯罪として処罰されることがあります。「アウシュヴィッツのガス室はなかった」、「ユダヤ人を追放したのは良かった」といった発言は犯罪です。

日本では、ドイツの特有の規定だと誤解されてきました。しかし、国際社会では「ホロコースト否定の罪」と呼ばれ、ドイツ以外にも多くの国で犯罪化されています。

フランスでは、「人道に対する罪に疑いを挟む」行為を対象とします。ナチス・ドイツ時代に限定されていないので、旧ユーゴスラヴィアやルワンダにおける人道に対する罪も含まれる形になっています。

スペインでは、「アウシュヴィッツの否定」条項は違憲であるとされましたが、「アウシュヴィッツの正当化」は犯罪とされています。

ポルトガルでは、「戦争犯罪又は平和に対する罪及び人道に対する罪の否定を通じて、人又は集団を中傷又は侮辱した者」として、戦争犯罪等の否定も犯罪としています。

スイス、リヒテンシュタイン、スロヴァキア、マケドニア、ルーマニア、アルバニア、モルドヴァにも同様の処罰規定があります。

中東のイスラエルには、「アウシュヴィッツの嘘」の独自の規定はありませんが、ヘイト・スピーチ処罰規定が適用されます。さらに、アフリカのジブチにも人道に対する罪やジェノサイドを否定する犯罪の規定があります。

このように歴史改竄によって被害者集団を貶める「アウシュヴィッツの嘘」「ホロコースト否定」の処罰は徐々に国際的な広がりを見せ始めているのです。

＊参考文献

前田朗『増補新版ヘイト・クライム』（三一書房、２０１３年）
前田朗『ヘイト・スピーチ法研究序説』（三一書房、２０１５年）
師岡康子『ヘイト・スピーチとは何か』（岩波新書、２０１３年）

3　レイシズムに覆われた世界（鵜飼哲＋前田朗）

❖日常の中のレイシズム

――サバティカルで一年間、パリに滞在されて戻られた鵜飼さんにお話を伺います。

鵜飼　フランスに滞在中の写真をお見せしたいと考えてプリントしてきました。２０１５年1月18日に、イスラームの預言者ムハンマドの風刺画を掲載した「シャルリ・エブド」社の編集委員会襲撃事件後、パリで初めて開かれたイスラームフォビアに反対する集会で目にしたポスターです（次頁）。後ろを向いて身体検査をされているのが移民系の出自を持つ若者、日常的に肌の色や顔つきで選ばれて身体検査をされています。これが事件以前からのフランス社会の日常なのです。パリのような大都市では顕著に見られる、「体制的レイシズム」と呼ぶべきものです。

――パリの警察による職務質問と所持品検査ですね。

鵜飼　このことを問題にしなければフランスで反レイシズム運動は成り立たないくらい、遺憾ながら

日常の風景になってしまっています。若者は「シャルリ・エブド」社の犠牲者への連帯を示す言葉とされた「ジュ・スイ・シャルリ（私はシャルリ）」と言っているのですが、後ろにいる警官は「はいはい、私もそうですよ」と言いながら、身体検査を続けている。若者が「私はシャルリ」と言ったところで何の役にも立たないということが戯画的に告発されている。背景には「コミュニオン・ナショナル」という言葉が書かれています。「コミュニオン」という言葉にはキリスト教の考え方が影を落としています。「一体感」という中立的な意味から「聖餐式《せいさんしき》」という宗教的な意味までの広がりがあるのです。キリスト教徒はミサの儀式において、キリストの身体を共食することによって一体になると考えられています。「私はシャルリ」という言葉を考案したアートディレクターにはそのような意図はなかったのですが、1月11日の「共和国行進」の際に官製スローガンにされたことで、この言葉は誰もが口にしなくてはならない「聖餅《せいべい》」になりました。逆に言えば、これを口にしさえすれば誰でも国民的一体性に与れるという幻想が生まれた。と

ころが、この若者はそれを口にしても取調べを受けている。潜在的犯罪者、あるいは「テロリスト」とみなされているからです。フランスの国民的一体性などと言っても、これが現実なのだということを示している。なかなかよく考えられたポスターだと思います。事件から11日後、「共和国行進」から1週間後ということを考えると、この作者は非常に優れたセンスの持ち主だと思います。

――会場にはどのくらいの方がいましたか。

鵜飼　おそらく800人くらいだったと思います。アナーキスト系、移民運動系の人たちが多かったようです。

――当時、フランスのマスメディアはこの集会を報じましたか。

鵜飼　いえ、全然報じられませんでした。この時期は運動圏でもイスラームフォビア（イスラーム恐怖症）に反対する集会を呼びかけるタイミングかどうかをめぐって、少し意見の食い違いがありました。私が親しくしている移民運動の組織である「共和国の原住民党」のメンバーは、この日は来ていなかったようです。2014年からフランスでは、デモを禁止することが国家権力の常套手段になっていました。1月17日の共和国行進のあと、われわれの予想ではかなり大きな反イスラームデモが起き、次の展開はそれにどうカウンターを打っていくのかという展開になるのでは思っていたのですが、その反イスラームデモが起きない。禁止されているのです。政府が社会的不安を引き起こしかねないと判断するようなケースについては、どちらの側のデモも禁止して、できる限り街頭活動を押さえ込むことで乗り切ろうとしています。

もうひとつ写真をご覧いただきます。これは同じ集会に参加していたある女性が持っていたメッセージです。私は一番本質を突いたものだと思いました。

「誰がテロリストか。フランスはアフリカで三つも戦争をしている。ウランと石油のためだ。自分で撒いた種だ。」

これほどしっかりしたメッセージを掲げた人は非常にまれでした。それだけに印象に残ったので、写真を撮らせていただきました。

——三つの戦争ですね。

鵜飼　三つの戦争とは、コンゴ、中央アフリカ、マリ（ニジェール）です。とりわけウランのためだと言うことが重要なポイントです。2013年春に「セルバル作戦」という軍事介入が行われました。形式的にはマリ政府から要請を受け、マリ北部を席巻していたイスラーム主義を掲げる武装勢力とフランス軍が戦闘状態に入りました。当時そのグループが占領していた古代マリ帝国の首都ティンブクトゥをフランスが「解放」したと言って、本国ではあたかも大勝利であるかのような騒ぎになりました。もちろん武装勢力はただ逃げただけで、いまも存在しています。

――日本ではアメリカの戦争はよく知られていますが、フランスの戦争はあまり話題になりません。

鵜飼　この地域にはトゥアレグという遊牧民族がいて、この人たちとマリの定住民の関係は歴史的に非常に複雑で、トゥアレグの人たちはマリ、ニジェール、アルジェリア南部で国境線を越えて移動生活を続けてきた。トゥアレグ民族は長年、なんらかの形の自立を求めたわけですが、それがことごとく実らないため、リビアが崩壊した後に、一部がイスラーム勢力と結合して独立を要求する展開になっていった。ところがこのイスラーム系の武装勢力に資金援助をし、武器を供給しているのは湾岸の君主国のカタールで、そのカタールに武器を売っているのはフランスなのです。その勢力とフランスが闘う。

――フランスがカタールに武器を売り、カタールがイスラーム勢力等に援助して、その勢力とフランスが闘っているんですね。

鵜飼　フランスは本心ではこの構図を破壊することを望んでいません。したがって、どこまで本気で闘っているのかも分かりません。ところが、こういった形で、アフリカの国家主権がどんどん形骸化していく状況があります。ニジェールにはウラン鉱があって、アレヴァというフランスの原発企業が開発に携わっています。フランスの反原発運動の人たちもニジェールに出かけ、現地の人々と一緒に反対運動をしています。そうした中で、マリへの軍事介入という事件が起きたのです。この介入の動機のひとつが、ニジェールのウラン鉱を防衛することだったことは明らかです。

1月11日の犠牲者追悼を掲げた「共和国行進」の時、行進の先頭に各国首脳が参加した映像は皆さんご覧になられたかと思います。その最前列の真ん中にマリの大統領であるイブラヒム・ケイタがいたのです。メディアはこの人が誰なのか分からず、名前が判明するまで相当の時間がかかったというエピソードがあります。イスラエル首相のネタニヤフもいれば、パレスチナ自治政府のアッバース大統領もいました。後列にいた前フランス大統領のサルコジが一所懸命に目立つ場所に出てこようとしていたとか、滑稽な動きが色々あったのですが、特にマリの大統領が前列中央にいたことは非常に重要です。さきほどの女性のプラカードに「自ら撒いた種だ」という表現が使われていました。アフリカや中東でフランスが行っている軍事作戦の暴力が、ブーメラン的にフランスに回帰してきた。「シャルリ・エブド」事件の本質はそこにあると考えている人は、少数ながら存在するということです。

❖フランスにおけるレイシズム

――サバティカル（有給休暇）でパリに1年行かれたわけですが、出かける前に立てていた研究課題はなんでしょうか。

鵜飼　研究課題はいくつもあって数えきれません（笑）。東京で仕事と社会運動のリズムで暮らしているとやりたいけれどやれないことがたくさんあるので、その中のごく一部をやれるだけやろうと考えていただけです。フランスでの1年間の私の動き方には、この数年間、福島原発事故の責任を問う民衆法廷からの文脈もつながっていました。フランスはご存知のとおり世界最大の原発推進国で、電力の70％以上が原発でまかなわれています。福島原発事故以降、フランスという国の見方が、日本でも相当変わったと思います［本書第2部参照］。もともとひどい国なんですけどね（苦笑）。

――フランスはエスプリの国であり、自由と平等の国であり、革命の祖国であり、民主主義の国である。フランス文学・思想はいつも輝いて見えた。日本人にとっては「あのすばらしいフランス文学の世界」となる。フランス文学思想をされてきた方は、どこか西欧中心主義で植民地支配には鈍感ではないか、と私は勝手に決めつけています。にもかかわらず、鵜飼さんのような研究者になるということはどういうことなのでしょうか（笑）。

鵜飼　日本でヨーロッパやアメリカに研究者として関わっている人たちは、ある時期までは、業界用語では「出羽守《でわのかみ》」と言うのですが、「どこどこでは」という風に、威勢よく海外事情を語っていたわけです。

――諸外国に学ぶと言えば聞こえはいいですが、脱亜入欧が続いた。

鵜飼　そうです。「中国では」とか「ソ連では」とかいう場合も含めて、我々が暮らしているこのひどい世界の外にはすばらしい世界があって、少なくとも我々が今悩んでいることのいくつかは解決できている、それをお手本にしようという考え方がずっとあった。決して笑い話で済ませることではなくて、例えば戦後の西ドイツでは、西ヨーロッパの民主主義を模範にして国を立て直そうとしたわけです。どこかにモデルがあるかないかということは非常に大きなことで、今日のタイトルは「レイシズムに覆われた世界」となっていますが、このような世界観はこれまでなかなかなかったと思います。レイシズムに覆われていないところが世界のどこかにある、あるいは長年の闘いで民衆がレイシズムから解放された場所があるという見方が支配的でした。反レイシズム運動のモデルになるような現実が、何らかの形で我々の社会の外にあると思われてきた。そうした現実そのものが再考を迫られる時期に来ている。その枠組みの中に、フランスの歴史的現実も入れて考えていきたいと思います。

——フランスにおけるレイシズムと反レイシズムのぶつかり合いを総体として把握する。

鵜飼　この30年ということを考えたいと思って、懐かしいLPをもってきました。１９８５年に「SOS反人種差別」という大きな人種差別反対団体が企画したコンサートのときに販売されたレコードです。「Touche pas à mon pote」というのは「私の友だちに手を出すな」という意味です。このコンサートは、この団体が考案した、制止する手の形をしたバッジがたちまち全国で１００万枚以上売れるというような動きのなかで開かれました。コンコルド広場に30万人もの人が集まったのです。私もこの中にいたのですが、レイシズム反対という考えだけで結集する人々のポテンシャルの大きさに圧倒されました。

——その時にレイシズムのターゲットとされた被害者は。

鵜飼　基本的に北アフリカに出自を持つ人たちです。移民系の若者たちで、毎月死者が出るほどのものでした。この前年には年間10人以上が殺されていました。それだけ危機感が強まったときに、地下鉄の中で出会った3人の若者が反レイシズムの取り組みをしたい、まず無料のコンサートを開きたいということで色々な企業を回ったら理解してくれる人が多くて沢山のお金が集まった。これが「SOS反人種差別」運動の創設の経緯として語られた「伝説」です。のちに社会党の仕掛けがあったということがわかるのですが……。

政治集会でジャイアントスクリーンを見たのはこのときが初めてでした。ステージははるか遠くにありますから、スクリーンでしかミュージシャンは見られません。それまでレコードでしか聞いたことのないミュージシャンが何人も出演していました。フランスだけではなく、カリブ海からも、イギリスからも、アメリカからもノーギャラで駆けつけたバンドがいくつもあり、すばらしいコンサートでした。

このときの30万人という数字が、フランスにおける反レイシズム集会の動員数の最高水準を印すことになります。それからの30年は、ここからどんどん分裂が進行していく時間でした。この大きな枠組みの中に、パレスチナ連帯運動が入れないということがまもなくわかりました。「SOS反人種差別運動」のなかに「ユダヤ人学生連盟」が参加していたのですが、この組織は親イスラエルなのです。「SOS反人権差別運動」とパレスチナ連帯運動のあいだの交渉にも、この時期に私は立ち会ったことがあります。「レイシズム」と「反ユダヤ主義」という言葉が、フランスでは並列で使われます。「反ユダヤ主義」は単に「レイシズム」の一種ではなく、特殊な課題だということが示されているのです。

二つの課題を整合的に扱うことが、この社会では非常に難しいという点に、この頃から問題意識が向かうようになりました。

❖1月7日に至る30年

——コンサートから30年ですね。鵜飼さんの文章に「1月7日以前」（『現代思想』２０１５年３月臨時増刊号）がありますが、やはりそれ以前の30年をとらえ返す必要がある。30年は非常に長いのですが、分裂してきた過程、分裂させたのは誰か、その要因は何だったのでしょうか。

鵜飼　１９８０年代、ミッテランの大統領当選とともに社会党を中心とする政権ができたことで、70年代に移民労働者問題、あるいは移民の子弟の失業問題として闘われてきた課題が政治的に解決できるのではないかという希望が生まれました。ところが１９９１年に湾岸戦争が起きて以降、新たな戦争が中東で起きるたびに、「友だちの輪」が崩れていくというパターンになります。「シャルリ・エブド」事件を理解するためには、この新聞の歴史にも言及しなければなりません。この新聞の編集者たち、特に風刺画家たちは曲がりなりにも左翼的経歴の持ち主であり、主観的には最後まで左翼だったでしょう。殺された人のなかでもっとも高齢の二人、80歳のヴォランスキーと75歳のカビュは、アルジェリア独立戦争の時代から左翼的な立場で表現活動を行ってきました。当時から戦争反対の風刺画を描いていた人たちで、68年世代というよりも、むしろ68年5月を準備した人たちです。湾岸戦争後、

「シャルリ・エブド」紙はこの戦争に反対した人たちによって再建されました。ですから、この30年のフランスの政治文化の崩壊過程で、少なくとも最初のハードルは越えることのできた人たちなのです。

――それがなぜ、という疑問があります。

鵜飼　私は「この風刺新聞はフランス左翼の崩壊過程を一歩遅れてたどっていった」という言い方をよくします。ある時期から、親イスラエル的な姿勢が露わになってきたのです。重要な編集委員だったシネという風刺画家は、それに反対したため編集委員会から除名されました。要するに、2001年の9・11事件以降、イスラームを過度に揶揄する論調や表現が増えてきた。問題点や危険を指摘する声がなかったわけではありませんが、編集長だったシャルブは、頑なに最後まで路線を変えようとしませんでした。他の人たちはある意味で巻き添えになったとも言えるでしょう。ヴォランスキーやカビュの仕事を30年以上見てきましたが、いくつかとても記憶に残る風刺画がありましたし、特にカビュは反原発、反核の立場をずっと貫いてきた人でした。日本に来たこともあり、福島原発事故にはシャープに反応していましたし、チェルノブイリにも行っています。フランス人としては非常に稀なことに。

1月7日の襲撃事件は、私にとって考えの近い人が殺されたということも意味していて、そう単純に整理できません。ただ、この事件をきっかけにフランス社会がどう動いたのかはまた別の問題です。殺された人々にとっても非常に不本意な形に事態が動いたことは間違いありません。日本でも知られているいくつかの風刺画に関しては、議論の余地なくレイシスト的です。フランスは表現の自由が無条件に認められている国ではありません。1945年以前と同様に、反ユダヤ主義の表現とみなされうる風刺画を公にすることはできません。イスラームに対する風刺も、その質やレベルを問題にすることは可能であり、アーカイブ化されている過去の反ユダヤ主義の表現と比較して判断できるはずなのです。似ているものはアウトにすべきであり、基準が公平に適用されていればこういうことにはならなかったはずです。

❖イスラエルとフランス

——イスラエル・フランス関係がよくわからないのですが。イスラエル－アメリカ関係と比べて、イスラエル－フランス関係はどういうものなのでしょうか。

鵜飼　非常に難しいのですが、同時代人として記憶している事実を出発点にすると、2003年のイラク戦争では、国連安保理事会常任理事国の中でフランスは明確に反対の立場を表明したわけです。ド・ヴィルパン外務大臣の演説が水際だっていましたが、ロシアや中国でさえ引き気味になっているなかで、フランスがEUの意思を代弁する形で、アメリカの戦争政策に反対する局面がありました。ところが、2003年から2005年くらいの間に、猛烈な巻き返しがあった。対米自立的な方向にヨーロッパが動いてしまうことに対して、さまざまな立場の人が危機感を持ったと思います。単にフランスが内側から自然に変わっていったとは考えられません。当然アメリカやイスラエルの力が働いたと思います。シラクの次のサルコジ大統領は、明確に親イスラエル、親米的になっていきます。

——ド・ヴィルパン演説の印象が鮮やかすぎて、その後の変化は見えていませんでした。

鵜飼 もう一つはユダヤ人の歴史があります。19世紀末のドレフュス事件以来の歴史をいまも引きずっています。つまりフランス革命で市民権が認められ、その後、東欧などから見ればユダヤ人は平等な市民権を享受していると思われていたのが、19世紀末になって、アルザス地方出身のユダヤ人であるドレフュス大尉が、ドイツのスパイだという容疑で有罪判決を受けます。それに対してユダヤ人、非ユダヤ人の知識人が声を挙げ、反ユダヤ主義の猛威に立ち向かって、かろうじて再審で無罪を勝ち取りました。このぎりぎりの闘いとともに、20世紀のフランスの歴史は始まったわけです。

——差別と冤罪を許さない共闘をしたわけですね。

鵜飼 ただ、現在も反ユダヤ主義的な意見は非常に強いのです。反イスラームももちろん強いのですが、反ユダヤ主義も非常に強い国です。第二次世界大戦中のドイツ占領期には、フランス警察が率先してユダヤ人狩りを行いました。戦後、アルジェリア独立戦争を経て、ドゴール大統領の時代、1967年に第三次中東戦争が起きます。現在に至るまでイスラエルが事実上占領しているヨルダン川西岸と、頻繁に爆撃を繰り返しているガザ地区がイスラエルの支配下に入ったのはこの戦争のときです。ドゴールのフランスはイスラエルに対して非常に批判的でした。武器禁輸措置まで取ったのです。それはフランスのユダヤ人にとっては、フランスとイスラエルに対して二重の忠誠心を維持することの困難を最初に感じさせた事件でした。これがフランスのユダヤ人の共同体意識の形成に大きなきっかけを与えました。

フランスでは社会党系がむしろ親イスラエル的で、右派のドゴール主義者の方が独自のアラブ外交路線を取っていて、シラク大統領の時代まで、イスラエルに対して自立的な立場をとることができていた。ところが9・11とイラク戦争以降、とりわけ文化人、知識人の間で、イスラエル支持者の活動が活発化します。エドガール・モランという、現在は90歳を超えている著名な社会学者がいます。彼はユダヤ人ですが、イスラエルに関して批判的な発言をしたため、反ユダヤ主義者として告発され、有罪になってしまった。この事件は非常に大きなターニングポイントになりました。

――エドガール・モラン（1921年～）は諸学問の境界を横断する超領域性で知られています。『ドイツ零年』、『人間と死』、『自己批評――スターリニズムと知識人』、『政治的人間』、『方法（5巻）』、『時代精神』など邦訳も非常に多いですね。

鵜飼　文化人類学者ジャン・ルーシュと共同監督した『ある夏の記録』（1961年）によって、ヌーヴェルヴァーグの映画監督としても有名です。

――モランの事件に象徴される形で、イスラエルとの距離の取り方が硬直していったわけでしょうか。

鵜飼　現在学校では、ムスリムの家庭の子どもたちとユダヤ人の家庭の子どもたちの間で、ともすると中東問題がきっかけとなって葛藤が発生するというケースが、この10年、非常に増えています。そのなかでフランスは、西洋諸国のなかでイスラエルに移住する若者が一番多い国になりました。歴史的に「アリヤー」と呼ばれているイスラエルへの移住が、シオニズム運動の時代と同じようにいまも続いています。1月11日の「共和国行進」にイスラエルのネタニヤフ首相が参加したときのメッセージも「もっとイスラエルに来てください」ということでした。新移民の送り出し国として、アラブ系移民の多いフランスがいわば一番狙われているのです。

一方でイスラエルに住むユダヤ人の若者のなかには「もうイスラエルにはいたくない」と考える人たちも増えています。この人たちは、いまはドイツ、とりわけベルリンに向かうようになっています。ベルリンのユダヤ人人口が増えていて、新たにシナゴーグもできている。アメリカのユダヤ系の若者たちのあいだでは、イスラエルのためにアメリカのユダヤ人が偏見をもたれるのはもう嫌だと考える人も増えています。それと真逆のかたちで、フランスのユダヤ人が親イスラエル的傾向を強めている。

――ユダヤ人の影響力がそれなりに大きいということですね。

鵜飼 そうです。アメリカ的な「ロビー」という形で存在しているとは思いませんが。

フランスが非宗教的な国家として規定されたのは、1905年の政教分離法以来のことです。ところが、1月11日の「共和国行進」の最後はどうなったかというと、1月9日に「イーペル・カシェール」というユダヤ系のスーパーマーケットで殺された4人のユダヤ人を追悼するために、ネタニヤフ首相とオランド大統領が一緒にシナゴーグに行ったのです。シナゴーグに入るとき、オランド大統領はユダヤ教徒であることを示す被り物であるキッパをつけていた。これが非宗教的といえるのか、大きな疑問を抱かせられました。オランド大統領もユダヤ人なのですが、ここまで含めて影響力と言えるとしたら、「ロビー」や圧力グループとしてではなく——移民系の運動の人たちがよく言うことですが——フランスとイスラエルのあいだでは、もともと歴史観や政治観がかなり共有されているのではないかと考えざるをえません。シオニストのユダヤ人と植民地主義的なフランス人は基本的に理解しあえる部分が多いのではないか。

——外の「敵」との関係で、植民地主義的なフランス人とシオニストのユダヤ人の間に連帯が生まれるわけですか。

鵜飼　２００３年のイラク戦争反対の立場表明に戻ると、アメリカはユーラシア大陸、とりわけ中東の状況が手に負えなくなれば、最終的には手を引けばいいけれども、ヨーロッパは必ず影響を受けることになります。地続きの地域でアメリカやイギリスの好きなようにされてはたまらないという地政学的な理性も働いたのではないでしょうか。

ところが、オバマ大統領のアメリカは、相対的に退き気味になっていたわけです。イラクからも退いたし、ＮＡＴＯはアフガニスタンからも退いた。その空隙を埋めようと、フランスが入っていく。リビアにはイタリアとフランスが主導して介入したのであり、カダフィ大佐の殺害にいたるプロセスは、完全にヨーロッパ主導で行われました。アメリカが退いた後には、旧帝国的な歴史意識が払拭されておらず、強力な軍隊を持っていて、大きな利害関係を持つ国々が出ていく構造になる。結局イスラエルがやっていることとどこが違うのかということです。

——30年の歴史を圧縮して説明いただきました。時代背景というよりも、まさに現代を規定していま

す。

❖ホロコースト否定の自由？

鵜飼　法律のことを少し補足しておきます。「シャルリ・エブド」事件の後、日本でどういう議論になっているのか遠くから注目していました。ところが一月経たないうちに、今度はイスラーム国の人質事件で日本の方がホットになってしまったのですが、フランスにも、アメリカの「愛国者法」に似た法律が作られようとしています。

――９・11直後の興奮の中で一気につくられた愛国者法ですね。

鵜飼　「私はシャルリ」という言葉がフランスは「表現の自由の国」であるという事実を表していると主張する多数派が一方にあり、それに対して批判陣営の側は、少数者の文化として理解されたイスラームの預言者の風刺について「表現の自由は絶対ではない」という主張を掲げて対立していると日本では思われていたようです。しかし、フランスはその意味では「表現の自由の国」ではありません。有名なチョムスキーVSヴィダル＝ナケ論争というものが１９８０年代にありました。ナチのホロコースト、絶滅収容所におけるガス室の存在を否定する言説を公共空間で許容するべきかどうかという問題です。

――ホロコースト否定論、「アウシュヴィッツの嘘」の問題です。

鵜飼　チョムスキーはこのような言説でも許容すべきであると主張しました。

――ノーム・チョムスキー（1928年〜）は言語学者・言語哲学者でマサチューセッツ工科大学名誉教授です。『文法の構造』、『生成文法の意味論研究』といった研究で知られます。ヴェトナム戦争批判以来、政治批評でも重要な発言をしてきました。『知識人の責任』、『アメリカの「人道的」軍事主義』、『テロの帝国アメリカ』など多くの著作が翻訳されています。

鵜飼　一方、ピエール・ヴィダル＝ナケという、ギリシャ史家で、アルジェリア戦争のときに非常に深く反戦活動にコミットしたことで知られる知識人がいたのですが、ご両親はアウシュヴィッツで亡くなっています。この論争については、ヴィダル＝ナケの『記憶の暗殺者たち』（人文書院、1995年）という本が、日本でも翻訳されています。安倍政権が例えば「慰安婦」問題などで現在行っていることが、ヨーロッパでガス室否定派がやっていることと同じ手口だということがよくわかります。

ヴィダル＝ナケは公共空間にこういう言説は流すことはできないし、ショアー（ナチによるヨーロッパ・ユダヤ人の絶滅政策）の後で、書店でヒトラーの『我が闘争』が売られるような状況は許容することはできないと主張しました。一方、チョムスキーは「公の言論として認めないと、そういう意見は伏流化して、もっと悪い効果が出てくる」と考える。1965年に国連で人種差別撤廃条約が採択されます。フランスが批准して国内法を整えたのが1972年です。この後、フランスでは基本的にナチズムを擁護する言説は禁止される状況ができました。ヴィダル＝ナケはその制度を正当と認めた。それに対してチョムスキーは、原則的な自由主義の立場を取りました。言うまでもなく、チョムスキーもユダヤ系の知識人です。
フランスでは表現の自由は制限される場合がある、理性的に制限される必要があるという制度を採用している。それが第二次世界大戦後のヨーロッパのあり方だという合意が時間をかけて成立してきました。このことはヨーロッパとアメリカの違いとしても意識されてきたのです。「シャルリ・エブド」の風刺画問題は、具体的な風刺作品がこの原則に照らして許容されるべきか否かということであって、表現の自由一般を擁護するかどうかということではありません。ここはしっかり区別しておく必要があると思います。イギリスやアメリカからジャーナリストが来て、「シャルリ・エブド」の難を逃れた編集委員に取材したときに議論になったのもこの点です。最初から話が噛み合わない。英米からすると、フランスは「表現の自由の国」ではないのですから。日本でこの問題を考えるときに、足を留めるべきポイントのひとつかと思います。

——ヘイト・スピーチというのは、人種や宗教や民族や言語を理由として差別的な言動を行うこと、暴力を煽動することです。ヘイト・スピーチ処罰法はヨーロッパのほとんどすべての国にあります［本書89頁参照］。EU議会が枠組み決定の中で「ヘイト・スピーチを処罰する法律を作りましょう」と決めたので、EU加盟国はすべて処罰法をもっていて、イギリスも人種差別禁止法を持っています。また、ホロコースト否定発言——ドイツでは「アウシュヴィッツの嘘」と言いますが、公然と「アウシュヴィッツのガス室がなかった」と発言すると犯罪になります。もう一つ、より重い犯罪は「アウシュヴィッツのガス室はなかったのにユダヤ人が嘘をついてドイツ人を陥れている」と発言する場合です。これがヨーロッパの基本的考え方です。ドイツだけでなく、フランス、ベルギー、スイス、オーストリア、スペイン、ポルトガルなどでも犯罪とされています。他方、アメリカには規制する法律がありません。表現の自由が大事である。物理的な行為が行われたり、特定の行為がおこなわれた場合は処罰しますが、純粋に言葉だけの場合は、アメリカ刑法では処罰することが難しいとされています。日本もアメリカと同じと言われますが、アメリカはヘイト・クライムを処罰します。2009年の京都朝鮮学校襲撃事件のような事件はヘイト・クライムとして理解されます。アメリカはジェノサイドの煽動を処罰しますが、日本は何一つ処罰しないので、アメリカ以上、ということになります。フランスは、アメリカとは違う、表現の自由といえども一定の規制に服す。そういうことがフランス社会の中でもコンセンサスを得ているわけですね。

鵜飼　ここにもうひとつフランス固有の文脈があるのです。1990年に提案者の名前をとってゲソ法と呼ばれる法律が制定されました。72年法によるレイシズム言論の法規制に加え、ニュルンベルク裁判で「人道に反する罪」と認められた事実を覆すような言動を処罰することを規定した法律です。レイシズム一般というより、反ユダヤ主義の問題にかなり特化したものではあったのですが、この法律の成立過程では、先ほど名を挙げたヴィダル＝ナケを含め、ほとんどの歴史家が反対しました。この法律は成立し現在もありますので、この基準に照らして「シャルリ・エブド」の風刺画はどうなのかという問いは当然出ていいわけです。

――事件直後、あるフランス知識人は「人種や民族を理由としたヘイト・スピーチは処罰するべきだが、

宗教を理由としたヘイト・スピーチ規定はないのだ」と言っていました。でも、フランス刑法では宗教的理由によるヘイト・スピーチも処罰することになっています。それが見事に忘れられています。

鵜飼　ヘイト・スピーチの議論ではなく、反ユダヤ主義の問題にされたためかと思います。

❖表現の自由とイスラーム

——デンマークの雑誌で「ムハンマドはテロリストである」と、ムハンマドが爆弾を投げているシーンが描かれてヨーロッパで大問題になりました。あの時はヘイト・スピーチの議論として取り上げられました。

鵜飼　ことイスラームの問題となると、デンマークの極右新聞に載ったものが、フランスでは左派を自称してきた「シャルリ・エブド」に載ってしまうという構造があります。ヨーロッパの極右は反移民が主要な主張であり、またキリスト教というバックグランドがありますから反イスラームに傾きがちです。ところが左翼は左翼で、表現は絶対的に自由であるべきだという考え方の人が多く、この回路で反イスラームに行き着く人もいます。「アウシュヴィッツの嘘」に加担している人たちのなかに、特にフランスには、極左出身の人が多いのです。このことが事態を複雑にしています。

——当時、イギリスとアメリカの主要なメディアはその風刺画を一切載せませんでしたよね。

鵜飼　今回もそうです。

――アメリカは、表現の自由だからヘイト・スピーチは処罰できないと言いつつ、主要なメディアは一切載せませんでした。そうすると『法の帝国』、『権利論』で知られる法思想家のロナルド・ドゥオーキン（1931～2013年）などが、ジャーナリストの自主的な判断で理性的な結果が出ているから良いのだというのがアメリカ的な議論になっていたと思うのですが、フランスでは逆の議論になっていく。

鵜飼　イスラームのことになるといきなり判断力が鈍る。非合理的な話が通ってしまう。初等中等教育で学校に女子学生がヴェールを着用して来ることを禁じる法律が大学にまで広がろうとしていますし、高校ではロングスカートをはいてくると、それも宗教的だということで禁止しようとする。

――ロングスカートというのは足首もみえないということですね。

❖非宗教国家フランスとは

鵜飼　ある種のイスラームの考え方でそうすべきだとされる服装をしてくると、それもヴェールと同じとみなす。フランスの議論は「非宗教性」（ライシテ）とは何かという問題に帰着します。国家は宗教的に中立でなければならないという、国家に対する規定であったものが、いまや市民の側の義務に転化されている。ここに根本的な倒錯があるのです。それこそ私もいよいよ友人を失いつつあるのですが、フランスで公教育を受けたフランス人には、この考え方が人格の相当深いところに入っている。

「学校に宗教を持ち込んではだめだ」と言う。

――かつてはそれがリベラルの保障だった。

鵜飼　1月7日の事件の翌日、学校、官公庁では正午に1分間の黙祷が命じられました。ところが、いくつかの学校では黙祷をしないという生徒がかなり出てきました。その後も「私はシャルリではない」と公言する生徒たちが出てきてしまう。ところが現場の教員はそういう状況に対応する訓練が全くできていない。1930年代にドイツで出版された比較文学者のローベルト・クルツィウスの著書『フランス文化論』には、「フランスを理解するためにはフランスの学校を理解しなければならない」と書かれています。ナチズム前夜のドイツで、フランスの公教育は「世界に類例をみないプロパガンダ機関」とみなされていました。フランスの共和制にとっては公教育が国の根幹なのです。その公立学校の教員が、いまフランスでもっとも熱い問題であるはずの宗教に関して、教室で起きる事態に対処する訓練をまったく受けていない。私がもっとも驚いたのはこのことでした。

――生徒が「私はシャルリではない」と言った時、教師はどのように対応するのか。そこではやはり共和国の理念を説明するのでしょうか。

鵜飼　共和国の理念は「自由・平等・博愛」という標語に集約されるのですが、事件後の数日間、このうちもっとも聞かれなかったのは「平等」でした。犠牲者に対する共感をあれだけの人が示したのはフランスならではだと思います。もし日本で明日、私たちがもはや読まなくなった朝日新聞のような新聞社に右翼が突入して、1987年の阪神支局襲撃事件のように殺される人が出た場合、果たしてどれだけの人が街頭におりるでしょうか。「シャルリ・エブド」紙を読んでいた人は行進参加者のごく一部であり、事件の前は完全に落ち目の新聞でした。それでもあのような事件が起きれば猛烈な反応が出てくる。腐っても、という言い方はあまり好きではありませんが、フラテルニテ、友愛・博愛の理念があり、「いくらなんでも絵を描いたために殺されるのはひどい」という思いであれだけの人が共感を示した面がたしかにあります。

しかし、表現の「自由」と「博愛」は「共和国行進」で表現されたとしても、それでは「平等」はどこに行ってしまったのか。当日テレビでみていましたが、はっきり言って「共和国行進」の参加者は圧倒的にヨーロッパ系が多かったのです。しかしテレビの画面では、マグレブ系やアフリカ系の参加者がいると、リポーターはすかさずその人にマイクを突きつけるというパターンでした。10歳くらいのアフリカ系の少年がマイクを向けられて、「どうして来たの」という質問に「表現の自由は誰にでも認められるべきだから」と答えました。

――模範解答です。

鵜飼　それから少し黙って、少年は「この社会がもっと平等になってほしいから」と付け加えました。あの数日間で「平等」という言葉を私が耳にしたのはこのときだけです。ラジオも聞きましたし、たくさんの映像を見ましたが、この1回だけしか思い出せません。フランス社会そのものが、あらゆる面で「平等」ではなくなっています。このことを背景にして考えないと、「私はシャルリ」という言葉に人々がどうしてあのように反応したのかはわからないのではないか。

私はフランスとのかかわりが深いですし、イスラームの問題の重要性は分かっているつもりで自分なりに勉強してきたのですが、こういう事件があると、イスラームもフランスも本当にはわかっていなかったなと思わざるをえません。一から勉強し直しだという気持ちでいます。

❖1月7日と社会意識

――世論調査が行われたようですが。

鵜飼　フランスには国立人権諮問委員会というものがあって、2015年4月9日に、1月の事件の後に緊急調査を行なった結果を発表しました。この委員会は法律家等の専門家で構成されているものです。まず数字を申し上げます。移民が多すぎると思っている人の数が70％。イスラームに対して否定的な意見を持っている人が45％。ユダヤ人はお金と特殊な関係をもつと考えている人が62％。イスラームはフランスの社会の中で特殊な集団をなしていると考えている人が46％。同じ点についてカトリックでは8％、プロテスタントでは6％、ユダヤ教徒に関しては28％という数字が出ています。基本的に反ユダヤ主義、反イスラーム、そしてもう一つここには出ていないのですが、ロマに対する差別が多いのです。

――非定住生活者のロマですね。ジプシー、シンティなど様々な呼称がありますが、欧州諸国ではいまだに差別が問題になります。

鵜飼　諮問委員会のかなり長文の勧告もありました。２０１３年以降の推移を見ると、１月の事件にもかかわらず、世論は安定しているという認識です。もともとこの状態なのです。事件以降イスラームフォビアが増えたという数字は出なかったと結論づけています。ただ、勧告の一つに、フランスの今の非宗教主義に則った教育政策では、学校の授業で宗教の話をしてはいけないということになっているが、これは改める時期にきているという項目があります。キリスト教はどういう宗教か、ユダヤ教はどういう宗教か、イスラームはどういう宗教か、仏教は宗教かどうかなど、宗教一般に関する知識を教養として学ぶ時間がないのです。ある宗教について教師が教える内容に、その宗教に属する家庭出身の生徒が異議を唱える場合、そこで話が混乱するといけないと言うこともあるのです。いずれにしても、様々な文化的な背景を持つ子どもたちが一緒にいるクラスで、隣の級友の家で信じられている宗教について、学校にいるだけでは何の知識も得られないという状況がある。今年の勧告では、これはあまりに硬直した非宗教教育の理解ではないかという点が指摘されています。この状況が、教師たちの対応不能の状況を生んでいる。さすがに諮問委員会では、これをなんとかしたい、つまり生徒たちが学校で宗教に関してよりよい知識を得られる状況を作っていきたいと考えている。

ところが、これは言うは易しで、教師が教える内容の権威は何で担保されるのかという問題がただちに出てきます。先日ある警察官僚の見解が『リベラシオン』紙に引用されているのを読んで、私はうーんと思ったのですが、「国立イスラーム研究所を作るしかない」というのです。イスラーム国であるエジプトのカイロにアズハル大学があるように、「国立イスラーム研究所」を設立し、宗教教育をおこなう教師たちはそこで研修を受けるという構想です。このようにして国家によるイスラームの統合を図るわけです。

――国立キリスト教研究所はあるのですか。

鵜飼 ありません。国立ユダヤ教研究所もありません。非宗教性という制度はもともとキリスト教を国家から締め出すために作ったわけですから、「国立キリスト教研究所」というのはありえない。だからイスラームについてもそういう状況できたし、学校でもかつての宗教教育はカトリックの教育を指していたわけです。この制度が限界にきているという認識が出てきているのではないかと思います。

――日本で言えば、多民族多宗教教育という風になると思うのですが、そういう発想にならないのでしょうか。

鵜飼 アングロサクソン的な多文化主義とフランスの共和主義では根本の発想に開きがあります。移民は個人単位で共和国に統合する、共同体単位での統合は考えないという原則でやってきました。その原則とぶつかるわけです。時代の要請に見合った変革の力をどこに見出すか、かなり難しい歴史の隘路に入っているのです。

❖アルジェリアの旅

――2015年3月、アルジェリアに行かれたとのことですが、アルジェリアで聞いたチュニス事件のことを伺います。

鵜飼　アルジェリア戦争に関する文学作品に関心があって昔から行きたかったのですが、行こうと思った矢先、1991年以降、「暗黒の10年」といわれる内戦の時代に突入してしまいました。イスラーム主義の武装勢力と政権、軍隊との、血みどろの抗争が始まったのです。外国人が気軽に行ける国ではなくなってしまいました。

モロッコ、パレスチナ、トルコなどマグレブや中東諸国はかなり行っていますが、アルジェリアに行く機会がありませんでした。今回、フランスから帰る前に、ぜひアルジェリアに行きたいと思いました。そうしたところ、スペイン在住の日本人の友人から提案があり、最初は学生2人も同行する計画でしたが、1月後半に「イスラーム国」の事件が起きました。文科省から渡航を控えるよう求める通達があり、アルジェリアはそのリストに入っていました。2年前にアルジェリア南部で日本人10人が死亡した事件があったからでしょう。こうなると学生と一緒に行くのはまずいので、友人と2人ででかけました。

――現地で何かあってニュースになると、大学も大騒ぎになります。なんであそこまで騒ぐのかと思いますけど。

鵜飼　基本的に友人の発案でスケジュールを組みました。1492年にカトリックがスペインを再征服し、イスラーム教徒とユダヤ教徒は追放か改宗の二者択一を迫られます。追放された人たちはモロッコやアルジェリアに亡命したわけですがその道をたどりたい。

――アルジェリア独立戦争からではなく、500年前のレコンキスタに遡って「近代」を考える。

鵜飼　スペインの港から出てトレムセンという西部の町に入り、そこから東に向かってオラン、アルジェ、最終的にはコンスタンティーヌまで行く予定だったのです。結局アルジェまでしか行けなかったのですが。どこでも深い歴史学習ができましたし、私たちにとっては非常にいい旅だったのですが、驚いたことにどこに行っても観光客がまったくいません。トレムセンは地方都市といってもアラブ＝ベルベル王朝の古都であり、観光資源は豊富なのですが、最初の日にヨーロッパ人のカップル一組とすれ違っただけで、あとはまったくいない。なんと滞在したホテルに警察から、「日本人が２人来ているようだけど警備をしたい」という申し入れがありました。

――護衛ですか。監視じゃなくて（笑）。

❖アルジェリアからみた1月7日事件

鵜飼　次に訪れたオランは大学都市です。カミュの『ペスト』の舞台にもなりました。オラン大学の先生たちと、1月7日の事件について意見を交わしました。「暗黒の10年」の話にもなりました。アルジェリアは10年もの間、イスラーム主義武装勢力と政権党である民族解放戦線の間で血みどろの抗争が続いたので、イスラーム主義者の武装勢力は「テロリスト」とみなされています。アルジェリアで考えられている「テロとの戦争」と、フランス人が言う「テロとの戦争」は、内容がまったく違います。アルジェリア共和国はイスラームを国教としているにせよ、基本的に世俗主義の政権です。イラクやシリアも共和国ですから、アラブ世界、アラブ連盟加盟国の中では、湾岸やモロッコの君主国に対抗する意味からも親近感が強かったのです。

ところが、アラブ連盟加盟の共和国が2000年代に入ってから次々に崩壊していく。隣国のリビアでもカダフィ政権が崩壊しました。アルジェリアがいま外交で一番力を入れているのはリビア問題です。リビアにはいま二つ国会ができてしまっていますが、そこからいかに国家再建に漕ぎ着けるか、アルジェリアが国連の委託を受けて調停工作を担っています。一つのアラブ国家をヨーロッパが破壊した後始末を、もう一つのアラブ国家であるアルジェリアがやっているのです。

アルジェリアの知識人たちは、いずれアルジェリアもリビアのようになるのではないかという危惧を抱いています。アルジェリアは「アラブの春」に20年先だって民主化要求の大衆闘争が激化し、民族解放戦線の独裁に対し1989年10月に若者たちが反乱を起こしました。ところが反乱の後に複数政党制に移行して選挙をおこなったところ、イスラーム主義政党が勝ってしまった。そこで軍隊がクーデターを起こし内戦が始まったのです。「暗黒の10年」の間に約20万人が亡くなっています。

ですから、「アラブの春」の後に各国で起きたイスラーム主義勢力の台頭については、アルジェリアではある意味で免疫ができているとも言えます。アルジェの民衆地区であるバブ＝エル＝ウェッドのような、かつてイスラーム主義者の拠点だったところで、マルクス主義系左派の青年たちが、子どもたちの教育などのボランティア活動を行っています。政権から自立して、イスラーム主義者と日々対話しつつ、軍事独裁でも宗教権力でもないアルジェリアを目指して活動しているのです。

――そのことはどこかに詳しく書いてほしいですね。

鵜飼　はい。国際状況については、オランの大学教員もアルジェの活動家たちも、イスラーム主義勢力と西洋諸国の隠れた共犯関係を指摘していました。イスラーム主義の武装勢力にサウジアラビアやカタールから資金や武器が流入していることは公然の秘密であり、湾岸の君主国は冷戦期以来一貫して西側の同盟者なのですから、アラブ世界の世俗派共和主義の人々から見れば、イスラーム主義者はアラブ諸国を混乱させることを目論む西側の回し者だという認識になります。西側対イスラームという、日本で想定されているような二項図式は単純過ぎる。

――西側と湾岸君主国とイスラーム主義者と世俗派の関係。

鵜飼　「アラブの共和国を不安定化させるため、アラブ世界で共和制が広がることを阻止するため、湾岸君主国がオイルダラーを使って不安定工作をしている」という認識です。それはアルジェリアの場合、「いずれまた激動期に入り、アルジェリアが不安定になると、イラクやリビアで起きたように、旧植民地宗主国、つまりフランスが再侵略を企てる可能性がある」という危惧につながります。

――1月7日の事件の見方も何か違うのでしょうか。

鵜飼　「ジャルリ・エブド」社の襲撃は、自分たちが10年間苦しんだ抗争と同じ構図で理解されています。殺した人たちも殺された人たちも、同じような人たちなのです。アルジェリアでも世俗主義を標榜する芸術家、作家、知識人がたくさん殺されました。ヴェールをかぶっていないという理由だけで殺された女性もたくさんいました。

合法化されたイスラーム主義政党は現在、家庭内の妻に対する暴力行為を犯罪化する法案に反対しています。アルジェリアのフランス語新聞では現代アルジェリアの先端的な作家たちが毎日コラムを担当していて、イスラーム主義政党が呼びかけたＤＶ禁止法反対デモを批判しています。こんなに激しい言葉をどこから見つけてくるのかと思われるくらい、罵倒に近い言葉を使って毎日論陣を張っています。10年間に20万人が殺された後の時代の言葉なので、風刺も含めて表現が激烈になる。これが表現の自由というものであるならば、フランスにこのレベルの自由はありません。

一方フランスではアルジェリアをこういう風に見てはいません。非常に特徴的な非対称性があって、1月7日の事件がアルジェリアの１９９０年代の内戦と同じ性質を持っているという認識は、フランスのメディアでは見かけませんでした。フランス人から見るとアルジェリア内戦は、ムスリム同士、アラブ人同士の殺し合いだった。したがって、「アラブ人」が「フランス人」を殺した1月7日の事件と同質とは到底思えない。ところがアルジェリア人の眼には、かつて経験した惨事と同質の事件がパリで起きたということになる。地中海の両岸に共感が生まれるとすればここからのはずなのですが、この認識ギャップのなかに、すでにレイシズムが作用しているのです。

――そういった中でチュニスの事件が起きたわけですが、それは現地のテレビでご覧になりましたか。

鵜飼　チュニスのバルドー美術館が襲撃された日の同時刻、私たちはアルジェの国立美術館にいました。やはり観光客はいませんでした。素晴らしいコレクションなのですが。その日の午後、カスバにいたときに、事件を知ることになりました。カスバは1956年に植民地軍による民族解放戦線の掃討作戦が行われたアルジェの旧市街です。このことは『アルジェの戦い』という映画で描かれて全世界に知られることになりました。

――『アルジェの戦い』はイタリアのジッロ・ポンテコルヴォ監督の作品で、1966年公開です。アルジェリア独立戦争を描いた映画です。

鵜飼　少年期に「アルジェの戦い」を経験したという方がガイドしてくださいました。映画の最後に出てくる、カスバ地区の解放戦線の責任者アリ・ラ・ポワントが立てこもり、投降を拒否してフランス軍に爆破された場所など、アルジェリア革命で有名になった場所をいろいろ案内していただきました。その方も大変敬虔なムスリムで、夕方のお祈りの時間になるとモスクに入っていかれ、もう1人の友人が私たちに同行してくれました。非ムスリムの客人が訪問を受けたときは、1日5回の祈りの時刻にも、一人は義務を免除されるという説明を受けていた時、パリの友人から携帯にチュニスの事件の一報が入りました。

チュニジアは観光大国です。アルジェリアは地下資源が豊富なので、これまで観光に頼らなくても国が維持できた。したがって、チュニジアを不安定化させるために、「イスラーム国」に忠誠を誓う集団が観光客を狙うのと同じ構造には、アルジェリアの場合、ならないのではないかと思います。しかしアルジェでは、お酒を出すレストランの前には必ずパトカーがいました。いつ襲撃が起こるかわからないからです。

――イスラーム圏では国によってお酒が飲めるところと全く飲めないところがありますが、非常に厳しいアフガニスタンのカーブルでも、探せば飲むことができます。ただ、現地の人の目にどう映っているかは考えなくてはなりません。さて、日本のことに移ります。パリだけではなくベルリンにも行かれて、「慰安婦」問題のシンポジウムにいってらしたそうですが。

❖「慰安婦」問題と西欧の目

鵜飼　韓国挺身隊問題対策協議会の方がパリに来られました。歴史家の林博史さん（関東学院大学教授）や「慰安婦」問題の解決を求める全国行動の梁澄子さんもみえて、私は外務省交渉のときの通訳をさせていただいたりしました。フランス側は若い方が5人くらい出てきて、4人は女性でした。現在フランスの外交政策は戦時性暴力の問題を優先的に取り上げようとしているので、日本軍性奴隷制問題にも大変関心があるということでした。韓国からはハルモニがひとり、金福童《キムボクトン》さんがいらしていました。フランス側は30代の方が中心でしたが、会談のときの彼女／彼らの表情が忘れられません。これほど高齢の女性が「慰安婦」問題の正義に則った解決を求めて遠い国から来て目の前にいること自体が信じられないという表情でした。みな目を丸くしてハルモニをみつめていました。

――「慰安婦」問題の歴史の事実が持つ衝撃力ですね。

鵜飼　パリとベルリンの根本的な違いを述べておかなければなりません。「慰安婦」問題をヨーロッパで訴える際には二つの入口があります。一つは女性に対する戦時性暴力、もう一つは戦争責任の認識です。戦争責任という入口からこの問題を考える場合には、第二次世界大戦中に日本軍が犯した犯罪総体の認識があって、その中に性奴隷制の問題が位置づけられることになります。第二次世界大戦におけるアジア戦線についての認識は、ヨーロッパでは、その国が日本と戦争をしたかどうかで非常に異なります。フランスはヴェトナムを植民地支配していましたから、日本の進駐のときに戦闘がありました。その後ヴィシー政府のフランスと日本が事実上共同でヴェトナムを支配した時期に、200万の餓死者を出すなど大変な被害を与えています。ところが、フランスには日本と戦ったという記憶が一般に希薄なのです。イギリス、オランダ、あるいはオーストラリアとは全く異なります。

――日本と戦ったかどうかということは、「ファシズム対民主主義」の構図を描いた時に、どちらの側にいたかに繋がります。

鵜飼　フランス人の場合、日本人は中国で何をしたかという問いに答えられる人は専門家を除けば少数です。そうした知識が一般に流布していない。第二次世界大戦の記憶は圧倒的にヨーロッパ戦線中心に構築されています。この入口から「慰安婦」問題への道筋をつけることは非常に難しいのです。もっと厳しい言い方をすると、フランスは1940年6月にドイツに敗北し、その後4年間、少数のフランス人が抵抗闘争に身を投じたとしても、全体としてはドイツの同盟国でした。戦争の記憶に関しては、ヨーロッパ諸国のなかでも弱い環なのです。したがって、戦争責任の入口から入ることはかなり難しいのです。

――戦争犯罪よりも、女性に対する暴力、戦時性暴力として訴える。

鵜飼　戦時性暴力の入口から入るとしても、逆にそこから戦争責任の認識の深化につなげていかなければなりません。この壁は意識的に崩していく努力が必要です。両方の入口からのアプローチを組み合わせて、フランス人のための学習の機会を設けていかないと、問題の全体がきちんと伝わらない。挺対協の方が来てくださったおかげで、韓国人と日本人のパリ在住者の間で一緒にこの問題に取り組むための土台ができたことは重要な成果でした。

ベルリンでは15年11月に、中国戦線における日本軍の性犯罪を扱った『ガイサンシーとその姉妹たち』の上映会に立ち会う機会がありました。製作者の班忠義監督もみえて、東アジア各国の政治体制と戦争の記憶との向き合い方について、濃密な学習の時間が生まれていました。ドイツはヨーロッパ連合内の覇権国であり、現在債務問題を抱えるギリシャを圧迫していることは批判されなければなりません。しかし、少なくとも第二次世界大戦の自国の責任については、曲がりなりにも認識が共有されている社会です。エネルギー政策についても脱原発の基本線はほぼ確立されています。現在日本が直面している二つの課題を公式にはクリアした社会とみなしていいでしょう。フランスに比べると、この二つの問題に対する取り組み方は、あくまでも比較の問題ですが、しっかりしていると思います。

❖２０１７年大統領選挙

――２０１７年の大統領選挙でマクロンが新大統領に選ばれました。排外主義者のルペンが落選したことで一息ついたようにも言われています。

鵜飼　この点については誤解の余地がないようはっきり述べておかなければなりません。フランスはエマニュエル・マクロンのおかげで極右の権力掌握という悪夢から逃れられたのではありません。反対に、国民戦線とマリーヌ・ルペンのおかげでマクロンは史上最年少の若さで最高権力者の地位を手に入れたのです。この選挙の第一回投票前に、マクロンではなく左派候補のジャン＝リュック・メランションでも、決戦投票でルペンに勝てるという世論調査が出ていました。しかし、主要メディアはこぞってマクロンでなければ勝てないという方向に危機意識を煽ったのです。その結果、圧倒的に不人気だった前大統領オランド政権とほぼ同じかさらに攻撃的な新自由主義路線が、代表者の仮面を変えただけで権力を保持したのです。マクロンが大資本とEUの手で「作られた救世主」であることは明らかです。6月には総選挙がありマクロンの新党「共和国前進」が圧勝しましたが、大統領選に続き棄権、白票が有権者の半数を超えました。フランスの場合このことは無関心層の広がりではなく、大衆的な政治的意志表示と考えられます。国民戦線に代表されるフランスの極右勢力は、80年代以来支配的な政治勢力によって前提され、密かに養分を補給され、さまざまに利用され、政治構造のなかに組み込まれてきました。国民戦線のおかげで大統領になった以上、マクロンが国民戦線の消滅を望むことはありえません。

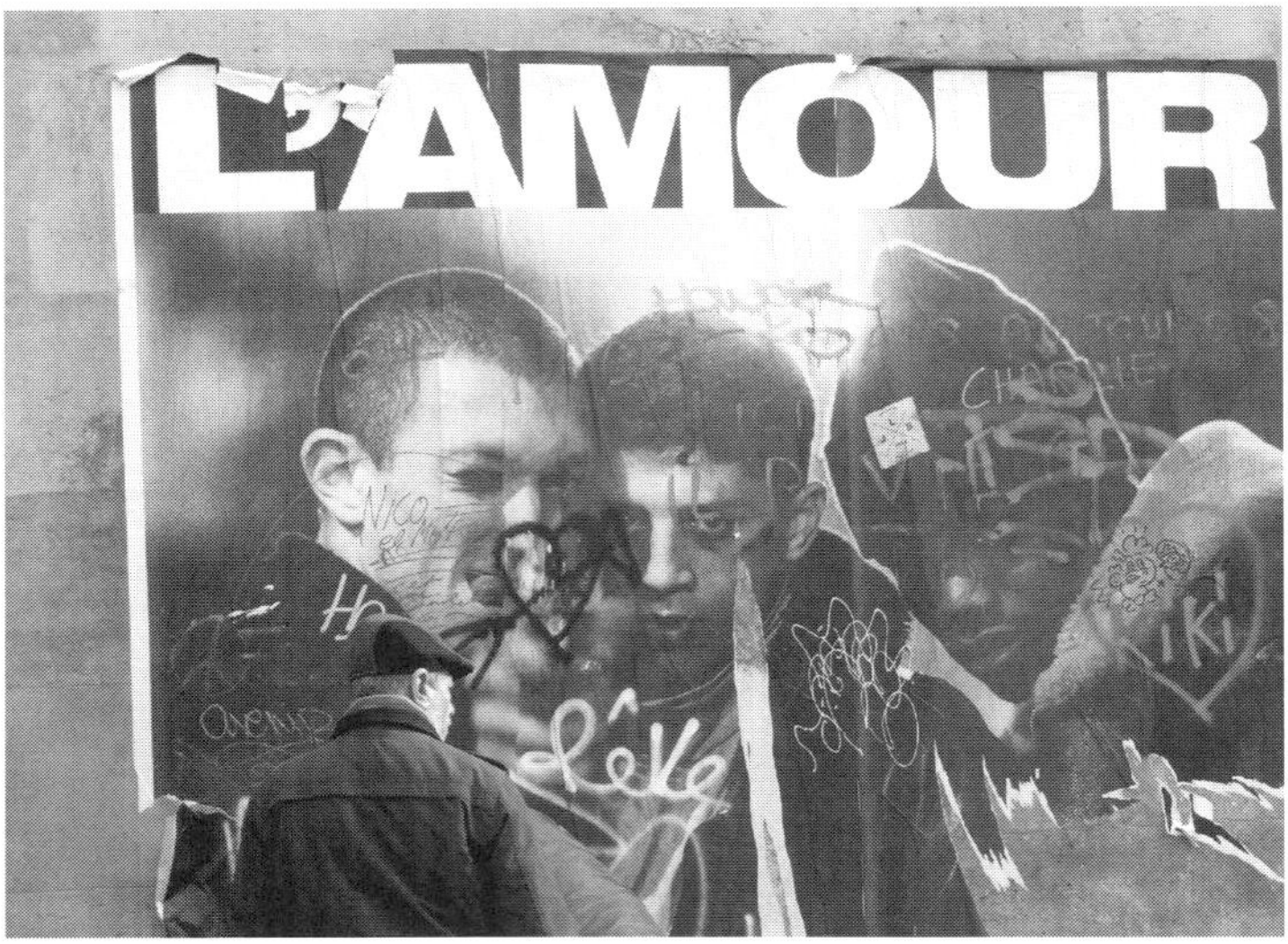

❖テロリストになった青年をどう語るか

――最後にもう1枚の写真の解説をお願いします。

鵜飼　映画ファンの方のなかには、この3人の男の子の写真を見て何か思い出される方がいるかもしれません。これはマチュウ・カソヴィッツ監督の『憎しみ』（1995年）という映画のポスターの写真で、当時多くの場所で目にしたものです。1月7日の事件以来、事件を起こした青年たちについて語ることほど難しいことはありません。どのような人生を送ってきた結果、このような行動、このような死に方に行き着いてしまったのか。フランスの友人たちの中にも、クアシ兄弟とアメディ・クリバリに殺された17人ではなく、3人の実行者も含めた20人の死者について語らなければならないという人がいます。

この写真は、事件直後にこの３人に対する複雑な思念を表現するべく考案されたぎりぎりの表現といえます。上に「ラムール（L'AMOUR 愛）」と書かれているのは、『憎しみ』という映画のタイトルをひっくり返したものです。もともとは「ラエーヌ（La HAINE 憎しみ）」なのです。サン・ドニ門にポスターとして貼られていました。数日後には剥がされていましたが、同じポスターを何箇所かで見かけました。

日本では、私がネットなどを通して触れることのできた範囲ですが、事件を起こした青年たちへの同情的な意見もかなり多かったようです。事件直後のフランスの公共空間では、実際のところ、これがぎりぎりの表現だったのです。真ん中の少年はユダヤ人です。左の少年が北アフリカ系で、右の少年がブッラク・アフリカ系。郊外で警察と若者の衝突が続く日々、この３人の少年たちが事件に巻き込まれていく。移民問題と言えば想起される映画のポスターの絵柄を使って「憎しみ」を「愛」に置き換える。今回の事件の加害者と被害者の双方に「愛」を送るというメッセージです。事件の直後にはこれ以上のことはできなかったという意味でご紹介しました。

──重ねている落書きはなにかわかりますか。

鵜飼　これは、色々な人が後から書いたもので、意味のわからないものも、部分的にわかるものもあります。実行者への共感を批判する意見もあります。共和国広場の女神像の台座には事件後たくさんのグラフィティが書かれましたが、68年5月の「壁の言葉」などと比べるとセンスの悪さに暗然とさせられます。「私はシャルリ」そのままの書き込みもあれば、意見を異にする人も往々にしてその単純な言い換えになってしまっている。「私はパレスチナ人」等々……。これは日本でもシリアでの人質事件の際に見られた現象かと思います。ひとひねりもふたひねりもしないと対応できないような複雑な状況なのに、表現のほうは単純化する一方であることに不安が募ります。つまらない言葉の写真は撮ってこなかったのですが、私の目にはぎりぎりの表現と映ったポスターの写真をご紹介させていただきました。

——ありがとうございました。

第Ⅱ部

権力としての原発、対峙する民衆

1　民主主義にとって原発とは（岡野八代＋前田朗）

——柏崎刈羽など原発再稼動が強行されようとしていますが、原発問題は選挙の具体的な争点としてはむしろ隠されてきました。2017年10月の総選挙では原発問題を争点にする動きもありましたが、実際には埋没してしまった印象があります。

岡野　原発問題も改憲問題もそうですが、本当の争点は憲法であり、私たち市民の権利、生活に関わることだと見抜いていた層が、おそらく何パーセントかいたはずです。ところが野党の分裂による自公の圧勝という中で、まともに争点が問われていない印象があります。

——2017年5月3日、安倍首相は改憲団体へのメッセージで、「憲法9条に新項目を追加する改憲案を、東京オリンピックの2020年までに実現する」と期限を切りました。森友学園事件や加計学園事件で政治の私物化が取りざたされましたが、改憲も私物化しているのが安倍政権です。さて、まずは原発民衆法廷とは何なのかから始めたいと思います〔原発民衆法廷について本書168頁〕。

岡野　私は実は第1回の東京公判に参加していなくて、第2回の大阪公判から参加しました。原発民衆法廷が始まった時にはまだ原発問題について実はよく知らない状態でした。ただ民衆法廷には、ヴェトナム戦争の後で、イギリスの哲学者バートランド・ラッセル（1872〜1970年）が呼びかけて、フランスの哲学者ジャン・ポール・サルトル（1905〜1980年）たちが民衆法廷を開いたという歴史があります。ヴェトナム戦争でアメリカは明らかに人道に対する罪を犯しているのに、何の裁きもなかったことで民衆が立ち上がった。そういう法廷を模しているのと、もう一つは、原発民衆法廷判事の皆さん――鵜飼哲さん、田中利幸さん、そして前田さんも「慰安婦」問題に関心があって、私も「慰安婦」問題にはずっと関心を持ってきました。2000年12月に、ジャーナリストでフェミニストの松井やよりさん（1934〜2002年）と韓国の女性たちの運動が一緒になって女性国際戦犯法廷が開かれましたから、民衆法廷自体にも関心がありました。私はその当時、大学院生でした［女性国際戦犯法廷について本書55頁］。

――高橋哲哉さんとの共著『憲法のポリティカ』（白澤社、2015年）に、岡野さんは、女性国際戦犯法廷を初日と2日目に傍聴したと書かれています。岡野さんは大学院生の時に参加されたのですね。

岡野　当時東京に泊まるのも2日が限界でした。チケットもなかなかとれませんでした。

――そうですね。ひじょうに多数の方からの応募と支援がありました。

岡野　そうでしょうね。女性国際戦犯法廷に参加したことが、私の「慰安婦」問題にかかわる非常に大きな経験となったのですが、その時から言われていたことで、民衆法廷はジャッジメント、判断はできるけれども、実際に刑を言い渡すことができない。どういう罪を犯したのかはもちろん明らかになるのですが、国家権力が行う裁判ではないので執行権力がない。「罰金を払え」といって取りに行くわけにもいきませんから、そういう判断はできても実行力がない。原発民衆法廷規程にも出ていたと思いますが、私たち一人ひとりは無力な市民なんですね。強制力は一切ありません。無力な市民が、だけれども自分の良心に従って判断を下す。私たちは無力ですが、判断を下すことはできるし、政治家を選ぶ時もそうですが、私たちが良心に従ってどういう行為をするかを民衆法廷は問うています。

――第1回の東京公判で出された「民衆法廷決定第1号」のタイトルが「民衆法廷は何であり、なぜ、何を裁くのか」です。その中に「裁くとは裁かれることである」という言葉が入っていました［本書172頁］。岡野さんはそれをご論文の中で取り上げて議論を展開しています。

岡野　民衆法廷に参加しながらも、自分を問い直さざるを得ない。私が住んでいる京都に原発はありませんが、どこの電気を使っているのかというと関西電力です。若狭湾の原発を稼動して作った電気を使っています。つまり原発の便益を受けながら、原発に反対している。そして、3・11の事故があった後、まさか再稼動するなんて考えられない状態で、第2回目の大阪民衆法廷の時は、大飯原発再稼動をやめよと闘っていた時期です。

――再稼動問題で一番激しい時期だった2012年4月でした。大阪の仲間たちも大飯原発の現地に行っていて、法廷には参加できない人もいました。

岡野　ドイツは3・11後にメルケル首相が政策を大きく転換し、原発を止めています。ドイツは稼動を止めたのに日本国内で再稼動を許す政治的判断は何に基づいてなんだという怒りがあります。一方では3・11以前は電力を何の疑いもなく使っていた自分はどうだったんだろう。しかも、原発立地の地域の方々でも、反対と賛成が分裂しながら、町の中で村八分のような状態で闘いを続けてこられた方もいらっしゃるわけです。立地地域の厳しい状況をこの民衆法廷で知りました。ですから「裁くとは裁かれることである」という言葉が、本当に自分に突き付けられる感じがしました。「慰安婦」問題は、植民地支配をした同じ日本国民であるということで責任が生じるのですが、原発民衆法廷に関しては、自分が被害者ということが言えるのか。誰が加害者で誰が被害者なんだろう。原発問題の当事者は誰なんだろうとずっと考えさせられました。

――私は、チェルノブイリ事故の時に関心を持って、当時、反原発の理論家として活躍されていた高木仁三郎さんの講演を何度も聴きに行っていました。2年くらいは反原発の集会に行っていたのですが、その後は行っていません。脱原発運動に直接取り組みもしていません。3・11の後に自分の責任ということも含めて考えて、仲間と取り組みを始めました。高木仁三郎さんは「市民科学者」という言葉を使っていて、科学者でもあり市民でもある。そしてまた市民が科学者になる。現場に直面した市民が現場で鍛えられ、権力とは違う形で「科学」に向き合っていく。あるいは自らが科学者になる。そういう局面も含めて、そういう人たちの責任ということを高木さんは唱えていました。岡野さんは政治学者ですので、政治学者としての責任ということになります。

岡野　チェルノブイリ事故の1986年、私はちょうど高校を卒業した浪人時代で、社会的には最も隔絶されていた時代でした。チェルノブイリ事故もその時の社会的反応はほとんど覚えていなくて、本を読んだくらいです。

――原発問題、それから3・11の当事者とは誰なのか。単純明快でありながら複雑で多様であるこの問いを、岡野さんの観点で整理していただけますか。

❖民主主義の恐ろしさ

岡野　本当に複雑ですね。3・11後に学んだことですが、原爆が落とされた原爆被害国である日本で、なぜ戦後早い時期に原子力発電をするように決まったのか考えると、日本に暮らす市民はそのエネルギー政策で、ある意味、利益を得てきたわけです。もちろん反対している人たちも、これは民主主義の恐ろしいところで、自家発電をしていた人もいたかもしれませんが、多くは使わざるを得ない。私は安倍政権の政策に反対していますが、だからと言って税金を払うことを止めるわけにはいかない。民主主義社会に生きるということは、誰かが政策を決めて自分も知らないうちに加害者になっているという中で生活を強いられていくところがあります。

もちろん3・11後の福島の原発問題で、人災によるものも大きいと思いますが、被害に遭った方々の中でももちろん原発労働のため雇用ができ、そのおかげで家族が育まれて来たような人たちが被害者にもなっている。いったい誰が3・11以前に被害者であったのかが全くわからない状態が作られています。これが民主主義社会で生きるということなのです。

――民主主義の担い手が加害者にも被害者にもなる。

岡野　原発のことなど全く関係のない、考えたこともなかった京都に暮らしている私が、いまや福井にあるたくさんの原発のことを思わざるを得ない。３・11以前の私は、今から考えると非常に無知で愚かな存在だったのですが、それでもやはり私なりの生き方を自分自身で決めていたことは確かです。そして現在でも冷暖房を使っている。いまは原子力を使っていないにしろ。そういう意味では当事者はやはり原発問題に関しては日本に生きている人、すべての人が当事者です。その当事者性に目覚めていって、どうやって原発に関わってきたのかを一人ひとり問うていくと、自分の歴史を反省せざるを得ない。その反省する力は、日本社会全体に関わる大きなインパクトをもっています。まったく無関心の人ももちろん当事者です。無関心であるということで、政府のエネルギー政策を容認している。ですから、非常に大きな意味を持っている民衆法廷だと思っています。

――民主主義の怖いところとおっしゃったわけですが、君主主権であれば、ある意味責任の所在は明快です。君主主権でも責任を一切取らずに亡くなった人も日本には１人いますが、通常、君主主権であれば責任の所在は明確です。だから、パリの市民はルイ16世の首をギロチンではねたのです。しかし、国民主権では責任の所在が宙に浮いてしまうことがある。

岡野　民主主義の一番恐ろしいところは、例えば選挙で20％の人が本当に安倍政権のやることに全部賛成して投票したのかはわからない。そういう意味でとても小さな集団が決めたことが、私たちが選んで私たちが決めたことになる、それが民主主義という仕組みになっている。私たち一人ひとりが責任を持っているし、政治家にしてみれば「選んだあなたが悪いんです」ということにもなる。民主主義がうまく機能していれば、私たちの意思が法律になって、私たちの人権をよりよく実現していく法律がつくれるはずです。

ところが、国民がお客さんのようにふるまい、政治家が出してくれる政策を選ぶだけの消費者のようになってしまうと、民主主義は最悪の政治体制になります。誰も責任を取らない。戦後この国の無責任なあり方――戦後責任もそうですが、原発も福島の事故からたった4年で、しかも被害は収束せずに続いているわけです。人々が故郷を奪われて違う土地で生きている状態で、再稼動をするということがよくできるなと。それは私たち一人ひとりの力不足でしかないので、民主主義はいつも私たち市民に問い返してきます。政治家は「選んだあなたが悪いんです」という態度です。「責任を取ります」といって政治家が何をするかというと、政治家を辞めるわけでもなく、せいぜい大臣を辞任するくらいです。政治家さえも辞めない、そんな無責任な職業ですが、それを許しているのは私たち一人ひとりです。

――民主主義の恐ろしさと言われたことを別の観点から議論しているのが、高橋哲哉さんの「犠牲のシステム」論だと思います（高橋哲哉『犠牲のシステム福島・沖縄』集英社新書、２０１２年）。第１回公判で高橋さんに証言してもらったのですが、福島に象徴されるような、大都会の生活のために「過疎地」とされたところに原発を押し付ける。十分な情報公開はないままに、補助金等様々な圧力を使って、反対の声を抑えて押し付ける。その状態が安定すると都会の生活が保障される。リスクが生じるとかトラブルが生じると、それはすべて現地の人に降りかかる。でもそれは本当は全体に返ってくるはずだ、ということも含めて、分断された状況を「犠牲のシステム」と呼んでいる。原発だけではなくて沖縄の基地問題も同じだという形で、高橋さんは特に福島と沖縄を捉えて「犠牲のシステム」と言っています。今の文脈に戻すと、「犠牲のシステム」を作動させる主体について必ずしも明らかでないのですが、主体が我々だからなのでしょうか。

岡野　実際に実行する力は政府なり政治家だったりしますが、責任論につなげて考え、突き詰めるとやはり私たち一人ひとりとしか言えない。原発に関しては、原発を抱えている地域の人たちはまさに分断を生きている人たちです。立地地域の人たちは再稼動を願っていますが、その周辺、京都の側では再稼動されたら困る。

少し外から見ると、立地地域の人たちは原発に依存せざるを得ない状況を押し付けられている。依存せざるを得ない状況の人たちの苦しみに依存しているのは、依存しているとも感じない周辺の、そこから利益を得ている人たちです。「原子力村」と呼ばれるような大企業の大きなしがらみ、政治家も含んだ体系ができていますが、それを支えているのはやはり私たち一人ひとりです。ですから誰が主体かというのは一人ひとりなので、そこでも責任が薄められてしまう。よほど全市民が団結してやらないと、そのシステムは変わらない。変わらなくても、「薄められた責任」のようですから、強く責任を感じる人も少なくなってしまいます。

――市民の無力性をどのように位置づけるか。

岡野　原発民衆法廷決定第1号にも「無力の市民」と出てくるように、一人ひとりは全くの無力です。システムを変えることができない。「諦め」と思っている人はまだ意識はあるかもしれませんが、それさえ感じられないような「薄められた責任」しかほとんど存在しない中で、私たち一人ひとりが主体として「犠牲のシステム」を作り上げてきました。おそらく色々な節目で市民の側では、原子力に関してもチェルノブイリの後も反対してきた人たちはいて、気づかされてはいたはずです。反対するきっかけはあったのですが、日本社会に生きる市民一人ひとりはなんとなくやりすごしてきてしまった。恐ろしいことに、3・11もあたかもなかったことにされようとしていて、犠牲を強いられている人たちがたくさんいます。京都にもたくさん避難してきている方がいます。直接多大な犠牲を強いられた人たちと、何も感じない人が同じ生活をしていると考えると、恐ろしい社会で生きていると感じます。

――原発民衆法廷では、当時の菅直人首相や、東電の勝俣恒久会長等、具体的な名前を挙げてこの人たちの責任を問う試みをしました。あるいは、再稼動問題の時は、関西電力と国を被告にしました。そのときには被告の主体としての責任を問う。ですが、同時に高橋哲哉さんの言う「犠牲のシステム」というのは、他者の責任を問い詰めるその私たちの責任はどうするのかと、足元に帰ってくる。帰ってくるのでわかりやすいのですが、ともすると堂々巡りになりかねない。そこをどうしたら良いのかを私は悩んでいたのですが。

岡野　おそらく『戦後責任論』（講談社、1999年）ですでに高橋さんがおっしゃっていたと思うのですが、無力な私たちは、例えば原発を稼動させるために実際に力をふるって積極的に加担しているわけではありません。加担せざるをえない状況にあるのはたしかなのですが。ですから、そこを分ける必要はあります。罪がある人——再稼動に実際に実行力を持って政策を促進させていく力を持っていて、危険性も察知できて、止める力もあった人には罪がある。もちろん個人的責任もあるので、その個人的責任を私たちは追及していかなければならない。では、責任を追及していかなければならないというのはどこで出てくるか。受動的だけれども加担せざるを得ないこのシステムに生きている私たちにとっては、一人ひとりの個人の責任を追及していく責任があって、直接実力があって政策を推し進めた人たちを、その場その場で的確に断罪していかないと、受動的であって加担させられているとはもう言えなくなると思います。その責任を果たしていない。

——高橋哲哉さんは「騙された側の責任」という言い方をしていました。騙されていた者が、再び騙されないために、自らの責任として相手の責任を追及しなければいけない。

岡野　私も騙されていたわけですが、そのことに気づいた私はもう騙されていた私とは別で、どこか違う意識を持っている。騙されたと気づいた段階では、かつての受動的な、無知な存在のままではいられないので、そこに責任は発生している。そして、誰を追及しなければいけないのか、それなりにわかってくるわけです。罪はどこにあるのかを一つひとつ検証していかないと、民主主義は良くなっていかない。民主主義について、先ほどからネガティブなことばかり言っていますが、でも、気づいたときに私たちの手で法律を変えられるわけです。そういった意味では騙されていた人たちが目覚めて、二度と過ちは繰り返さないための変革に開かれた点は民主主義の良い点で、私たちが手にしている政治形態の中では一番良いものだと思います。

❖重層的な分断

――もう一つ、岡野さんは論文の中で、分断の問題について触れられています。直接ここで取り上げられているのは、被災者、あるいは被災地の人々の、地域における分断や家族の中での分断という問題ですが、その点を敷衍《ふえん》していただけますか。さらに、岡野さんは「私の中での分断」と表現しています。

「原発を問う民衆法廷」郡山公判（2013 年）

岡野　最初に衝撃を受けたのは郡山に行った時です。行くまでは、前田さんたちの文章などを読みながら自分なりに想像していたのは、「ふるさとを奪われた」という言葉を文字通り受け取って、そこから避難している人たちが一番苦しんでいると思っていました。福島の双葉町や南相馬など、強制的に退去しなければならなかった人たちが一番苦しんでいるんだろうなと思っていました。

郡山・民衆法廷公判の前に、郡山で活動されている方々にお話を聞く機会を設けていただきました。色々な理由から、会社や学校や、ある意味社会的な圧力があって「あなただけ逃げるの」みたいなことを感じている人たちが苦しみながら、不安を感じながら生きています。とても印象的だったのは、本当は子どもたちにマスクをさせて少しでも放射能を浴びないようにしたいのだけど、そうするとマスクをしていない人たちから煙たがられるし、いじめを受けたりする経験をしている。身体を守ろうとすると心が痛む。心を大事にしてマスクをはずすと今度は身体が病む。すさまじい経験をされているのを目の当たりにしました。地域の中で同じ苦しみを経験している人たちの間でもお互いにまったく理解できないし、お互いに置かれている状況を話し合うことができない環境にある。これは非常にショックでした。

――人と人が分断され、心と体が分断される。

岡野　母親と父親が別々に暮らしている方もいます。お母さんは子どもたちと逃げていて、お父さんは仕事のために福島に残るという決断をされた家庭もあります。母親も小さいお子さんを連れて一人では大変ですし、お父さんも子どもに会いたいということで、子どものために一体どうしたら良いのか、家族内でも折り合いがつかないこともあります。東京の私の友人でも、環境に非常に心を配っている人がいて、実際に彼女は離婚に至りました。子どもを自分の実家に送ったりして。実家は関西以西にあって、彼女は毎週東京から通っていたのですが、その生活を続けていくうちに夫との関係がうまくいかなくなったようです。子どものことになるとどうしても母親のほうが子どもの健康第一ということになって、それが夫には伝わらず離婚に至るケースというのもそれほど稀有なことではない。ですから、心も身体もばらばらにしてしまう、家族も地域も分断してしまう。放射能の持つ破壊力はすごいなというのが、衝撃を受けたことでした。

――日常の中にありながら、ふだんは見えにくいことが次々と露わになりました。

岡野　私は恥ずかしながらエコな人ではなくて、親には電源を切るように言われたり、冷蔵庫も冷気がもれないように開閉しろと言われ育ちはしましたが、自分ではまったくしていないので、そういう意味でも自分では常日頃電力を考えないでいる。１９９０年代に羽田孜首相などがエコスーツとか言っていた時代もありました。ところがすっかり忘れて冷房をつけて長袖を着る社会があって、私の中でも矛盾を感じながらの裁判で、毎回反省の連続でした。原発民衆法廷判事として、参加者皆さんを前にして陳述を聴いていなければならないのですが、時々いたたまれない気持ちになりました。みなさんと対面しているので涙をこらえなくてはなりません。

――私は何度も泣いていました（苦笑）。

岡野　この１年半の経験は大きいものでした。「裁かれているのは私自身だ」とずっと思いつつ法廷に参加させてもらいました。同時に、ある意味、苦行でした。

❖各地の民衆法廷公判

――各地を回りながら公判を開きましたので、本当に色々な人と出会ったり、学んだりする機会がふんだんにありました。１回目が東京、２回目が大阪、３回目が郡山でした。この時に事故の刑事責任について有罪の決定を出しました。4回目がふたたび大阪で、大飯原発だけではなくて、伊方原発や敦賀原発もあわせて考えました。5回目が広島で、原発と原爆は重なっているし、今や原発稼働自体が人道に対する罪だということで、新しい観点で議論しました。6回目が札幌で、猛烈な雪が降る中での公判で泊原発を論じました。法廷後、岡野さんは飛行機が飛ばずに帰れなくなりましたね。

岡野 次の予定があって帰らなければならないのに、帰れませんでした。

――7回目が四日市で、原発だけではなくて、四日市公害の歴史を学びました。8回目は熊本で、水俣病のことも取り上げて共通点を探りました。9回目が福島で、事故から2年くらいたった時期なので、議論に広がりを持たせるということで予防原則のことなどにも触れています。その上で2013年7月に最後の東京法廷が開かれました。勧告ということで、原発禁止条約を作れとか、安全基準をどうするか、あるいは国際社会の問題として原発のない世界で生きる権利をつくれとか、非核地帯条約をさらに広めようなどと盛り込んで書いた決定を出しました。判事としてそのつど発言されてきたのですが、印象的だったことをお願いします。

岡野 広島で法廷を開いたことが非常に印象に残っていて、原発と原子爆弾が歴史的につながっていることを、自分の中ではそれほど意識していなかったので、法廷の中で、はっきりと自覚することになりました。原発が戦後すぐにエネルギー政策ということで、後に首相になる中曽根康弘がアメリカに行ったりして、日本も原子力開発をしたいという野望を抱いた。それが可能になったのはアメリカとの関係があったからです。実際には原発は潜在的な核兵器です。原発を持っていることはある意味いつでも核兵器が作れる状態です。それが原発を日本に導入したときのマル秘文書としてはっきりと残っている。潜在的な武装、兵器という記述が公文書に極秘で残っていたことを証言で聞いて、核兵器と原発というのは密接に関係していて、歴史的に全く同じである。つまり、核兵器を持ちたい政治家たちが、日本の潜在的な核武装として原発開発がしたい。真意を隠して核武装している。このテーマの論文を書いた方のお話を聞きました。原発民衆法廷に関わって少しは勉強したつもりでしたが、実際に理路整然とそのことを語られると、無知であることがいかに罪であるのかと実感しました。

――最近は結構いろいろな本で指摘されるようになりました。矢部宏治『日本はなぜ、「基地」と「原発」を止められないのか』（集英社インターナショナル）、木村朗・高橋博子『核の戦後史』（創元社）など相次いでいます。

岡野　実は当初は広島に原発を作る案があって、広島県知事も賛成して、原爆という人類の史上最悪の武器なのに、アメリカのアイゼンハワー大統領が「平和のための核（atom for peace）」というブラック・ジョークのようなことを言って、日本もそれに乗じて作ることになりました。最初が東海村ですね。東海村のときの写真を見ると、子どもたちが日の丸を振って開業を祝っています。かつて出征兵士を送った時に日の丸を振っていたのとかぶって、いまみると空恐ろしい歴史を何度も繰り返しているることが印象的な出来事でした。実際に広島で原発反対の活動をしてきた方のお話を聴くこともできました。

――広島公判では、島根原発の話と祝島で原発建設に抗議して頑張っている方の証言を聞きました。

判事団の田中利幸さんが広島在住でしたので必ず広島で開催しようということで開きました。田中さんは2007年に「原爆投下を裁く民衆法廷」を広島で開催しています。広島と長崎の市民が中心となって実行委員会をつくり、田中さんは共同代表でした。私も「原爆投下は人道に対する罪だ」という証言をするために広島に行きました。そういう経過があるので、原発と原爆は田中さんにとってはご自分の研究テーマであり、運動の課題です。それで広島公判を組み立てることが出来ました。最後に、岡野さんの「民衆法廷の政治的意味」という文章の中で「なぜ法廷という場なのか」ということが書かれています。デモに出たり、権力法廷の場で裁くなど様々な取り組み方があります。様々な回路の中で民衆法廷という場になぜ意味を見出すのでしょうか。

岡野　原発民衆法廷には第2回公判に声をかけていただきました。第1回公判の時は、鵜飼さん、田中さん、前田さんが判事に決まっていて、鵜飼哲さんから「判事が男しかいないので、それはちょっと」と声がかかったのです。

❖民主主義を学ぶ場

――何人かの女性に判事をお願いしたのですが、断られました。原発のことに詳しくないことと、法律家ではないという理由が二つ重なっているためです。

岡野　私も全く同じです。原発のことは詳しくないし、政治学と法律は若干近いといえば近いのですが、全然違うんです。しかし、「女性がいない」と言われると、そこは女性も参加しておかなければならないということで、スイッチが入ったんですね。鵜飼さんに頼まれて、メンバーの方が「慰安婦」問題でつながっているということもあり、引き受けました。友だちに話すと「あなたは原発にも詳しくないしエコでもないのに、なんで引き受けたの」と言われました。もう一つ多く言われたのが、「なんで民衆法廷なの」ということでした。「そんな暇なことを研究者がやって顰蹙を買うんじゃないのか」とまで言われました。本来ならば私のような無知な者が引き受けてはいけないと思うのですが、それでもなんらかの意味はあると思いました。

――民衆法廷という時間と空間の独自の緊張感があります。

岡野　原発民衆法廷を行っていく中で、やはりデモとの違いを強烈に感じました。デモは叫んで気持ちが良いです。実際の司法権力を持った法廷でも争わなければならない。そんな中で民衆法廷が良いなと思うのは、みなさんとお話をすることができます。権力を持った法廷の判事は聞いているだけで、最終的な判断をするだけです。法廷の中で見下ろしているだけです。民衆法廷では逆に、判事の私たちが見られている。なぜなら皆さんに見られているからです。色々な話を聞いて感動し、心を揺さぶられて涙を我慢しなければならない。なぜなら皆さんに見られているからです。その経験というのは先ほどの「分裂する自分」と同じです。傍聴された皆さんも恐らくそうだと思いますが、色々な話を聞いて問い返しながら、自分たちの運動のことや生活を振り返っていらっしゃるでしょう。いつも長時間の公判で、その間ずっと考えています。その経験というのが、民主主義というのはお互いが色々な経験を述べて、その中で自分が変わっていくということだと実感できたんです。民衆法廷はデモとは違う経験だというのは、自分が変わりますし、変わっていく経験をみんなで共有できる。傍聴にこられた方が意見を言うのはなかなかないのですが、アミカス・キュリエがあります。アミカス・キュリエというのは、法定代理人のことで、出廷しない政府や東電の「代理人」となってもらって意見を言ってもらうわけです。その人に対して、参加者のなかには本気になって怒る方がいたりして、そのライブ感というのは長い法廷の緊張の場の中でも、ほっとさせられた瞬間でした。

——アミカス・キュリエ（法廷の友）はもともとは専門家証人ですが、原発民衆法廷では被告側の代理人に相当する役割を担いました。東電から依頼されたわけではないので「代理人」と称するわけにはいきませんから、アミカス・キュリエとしています。5名の弁護士が担当してくれました。主に活躍した方は張界満さん、井堀哲さん、長谷川直彦さんでした。大阪法廷公判で張界満さんが関西電力の主張を頑張って述べたところ、傍聴人の中から次々と野次が飛びました。「こいつは関電の回し者だ。許せない」と興奮して叫ぶ傍聴人がいた（笑）。

岡野　自分も色々と学びながら変わっていく体験で、しかも日本社会を構成するすべての人に関わっている問題を、真剣に語り合う経験は、日常の中ではなかなかありません。デモでは自分たちの主張を訴えるだけなので、対話にまではいたりません。民衆法廷は民主主義を学ぶ場なんだな、と自分の中で納得できて、「あなた、原発民衆法廷なんて」って言う人には、「あれは民主主義の学校なんだよ」と言えるようになったかなと思います。

「原発を問う民衆法廷」大阪公判（2012 年）

——大阪公判で、張界満《チャン・ゲマン》さんが強調したのが、やはり民主主義の問題です。彼はアミュカス・キュリエの役割を飛び越えて「不規則発言」をして、一つの「問い」を発しました。厳しい野次が飛んだのに対して、彼が言ったのが「検事代理人団の中にいる金南湜《キム・ナムシク》と、アミカス・キュリエの私は日本国民ではない。選挙権がない。私たちは選挙権がないけれども日本の民主主義と向き合ってここに立っている。それをあなた方はどう考えるんだ」という反問でした。検事代理人団の中に金南湜さんがいました。彼は関西の弁護士で大阪公判に出てくれたのです。検事代理人に金南湜さん、アミカス・キュリエに張界満さんがいて、彼らは選挙権がなく、選挙で投票するチャンスは一切ない。原発が事故を起こせば被害だけを受ける立場に置かれている在日朝鮮人です。そのことを自覚しながら民衆法廷に参加し、それぞれの役割を果たしてくれました。全員を相手に正面から「喧嘩」を売った。とても重要な問題提起をしてくれたと思います。

岡野　当事者と言う時に「国民か、市民か」と言いよどんだのも、張界満さんの発言が響いたからですね。原発に受動的に加担させられていて、気づいて責任追及しなければならない。大きく私を突き動かすものは、自分たちが主権者であって、政治のシステムの中で私たち一人ひとりが決定権を持っているという事実です。

「原発を問う民衆法廷」東京最終法廷（2013 年）

ところが、社会を構成しているのは主権者だけはなく、在日朝鮮人などの外国人がいます。彼女ら彼らは自分たちの手で法律を変えることができない。その権利を奪われている。日本国民に期待することしかできない。権利を奪われている人たちと一緒に日本社会を構成していることを思えば、私たちには責任がある。私たちの決定で、自分たちが選んだわけではない政治家に政策や法律を作られて圧倒的に従わざるを得ない状況にいる人たちを、日本社会は常に抱えている。

――納税者でありながら主権者から排除されている。

岡野 私は『シチズンシップの政治学』という本で定住外国人の議論をしたことがあります。選挙権がない人たちを抱えている日本のような国は、「多数者」が独裁している。同じ社会の中に全く決定権がなく、他人が決めた法律に従わざるを得ない、従うしか生きていけないという人は、かつて言われた「臣民」、命令にただただ従う人です。最近ジョン・ロックを読み返していて発見したのですが、ただ単に命令に従ってしか生きていけない人は奴隷だ、とロックは言っています。ロックによれば、絶対君主制がなぜいけないかというと、君主が決めたことに圧倒的に従うしかないので、それは奴隷制に等しいからです。彼はわざわざ「臣民、否、奴隷」と言い直している。他人の決定にただ従わないといけない存在は民主主義社会に存在してはいけないわけですが、日本は常にそういう存在を抱えています。天皇制が残っていたり、国籍を取得するときの様々なハードルなど様々な理由があります。

――福島公判の時に実現できなかったのが福島の在日朝鮮人の被災者の証言です。証言してくれる方を探したのですが、準備が間に合わず実現できませんでした。まさに3・11以後、「がんばれ日本」「絆」という言葉が溢れる中で、ナショナリズムと結びついた形で、加害者側が被害者側に「団結して頑張れ」と呼びかける。きわめて不可思議な「上からのナショナリズム」が蔓延しました。その中で、現に被害を受けた在日朝鮮人の位置をどう見るのか、それを民衆法廷の場で浮き彫りにしたかったのですが、できませんでした。シチズンシップの問題がまさにそれなのですが、私たちの力不足でした。

岡野　3・11の震災後、どうサポートするかで問題になったのは、外国人の方にどうアクセスしていくかという問題です。在日の定住の方々は日本語を話せるのでそれなりのサポートはできますが、それ以外の外国人の方々――働きに来ていた人たち、漁業できていた外国の方もたくさんいたので、その人たちをどう支援するのかが実際には難しかったらしくて、どうしてもこぼれおちてしまう。原発問題で福島の在日の方というのは、私は全くそのあたり無知でわからないのですが、支援の中にはもちろん国籍条項は入っていませんよね。

――最近つくられた新しい法律の場合、そうやたらに国籍条項による差別はないのですが、もともとの法律で差別されていたらもちろん救済の手は異なってくるわけです。例えば、朝鮮学校は学校教育法第一条に基づく「一条校」ではありませんから、日本政府が行う措置で言うと、日本の学校と朝鮮学校とでは手当ての仕方が全く違います。日本政府は差別ではないと言いますが、現場で見れば露骨な差別です。

岡野　奴隷だという言い方は過激かもしれませんが、「いざ何か起こったときに、最終的に国は私たちの権利を実現するための道具だ」という言い方を先ほどもしたように、最終的なセーフティネットは国しかない。生活保護などもその例です。定住外国人の方も生活保護を受ける権利はある。ところが、家族や支援がなくて一人で放り出された時に、この社会の構成員として、国家からみたら主権者ではない外国人に対しては、国が何かしたら「恩恵」であって、個人の権利として訴える権利は持てない。いざという時にすべてのネットワークが断ち切られた場合、外国人にどう国が手を差し伸べるのか。国家が社会の中で生きている外国人に対してどう考えているのかがすごく露呈するところなので、原発事故後、在日の人たちに対する支援の網の目のもろさが色々な面で露呈しているでしょうし、想像ですが、声を上げるのも非常に難しいと思います。

❖被爆と被曝をめぐって

――高橋哲哉さん、徐京植《ソ・キョンシク》さん、韓洪九《ハン・ホング》さん――3人の座談会の記録が『フクシマ以後の思想をもとめて』（平凡社、2014年）として出版されています。徐京植さんは在日コリアン、高橋哲哉さんは在日日本人、韓洪九さんは在韓韓国人ということになります。この3人が、福島、ハプチョン、済州島、沖縄――それぞれの場所にいって座談会をした記録です。高橋哲哉さんが言っている「犠牲のシステム」が全体を貫いている。

岡野　在日朝鮮人の徐京植さんと、在韓韓国人の韓洪九さんのそれぞれの視点で、韓国の原発問題や基地問題も含めて、日本と韓国が抱えている原発、基地、歴史に向き合っている。

――この中でやはり民主主義とは何か――先ほど岡野さんがおっしゃった民主主義の怖さということも出てきます。この中で出てくる議論が「国家は国民を守らない」という話です。「軍隊は国民を守らない」とか、福島の問題でも国家は国民を守らないと言ってきましたが、改めてこの3人が、日本国家も韓国国家も国民を守らない。国民を守らない国家だから、必然的に外国人を守らない。そのことを問い返す議論をしています。民主主義とは何か、日本や韓国に生きる私たちは何者なのか。あるいは何者でありたいのかということをめぐる問いがたくさん積み上げられています。根本的な問いを積み重ね続けている。

岡野　その本の中で、日本に原爆が落ちて、広島・長崎に住んでいた人が「韓国の広島」と呼ばれたハプチョンに帰っていく、その人たちが、もちろん被爆しているわけですから、その後日本でできた原爆支援の中に入っていなければいけない。ところが、韓国に戻っているので、その人たちに手を差し伸べる人がいない。日本に住んでいる人に対しては原爆支援法ができました。2015年の夏、広島と長崎に行く機会があって被爆者の方たちの話を聞く機会がありましたが、日本人である彼らも非常に怒っていました。その支援がいかに医療費としても少ないか。しかし、もちろん外国人にはそれすらも及ばない。この本で3人が話しているのを聞くと、権力者は自分たちの繁栄、権力、利益などの力を伸ばしていく。日本もどんどん領土を広げてまで、戦争なんて悲惨なことをなぜしたのかというと、儲かる人がいるわけです。

――原発もそうです。

岡野　コストも高いし事故があっても誰も責任を取れないようなひどい政策をなぜするのかというと、そこで儲かる人がいて、儲かる時にはそこで手練手管をして道具として、日本のみならず外国人まで動員して自分たちの権力や富を増やそうとしている。ところがそれが失敗してスクラップになる時があって、一番道具となってこき使われた人ほど、ひどい扱いを受けます。特に当時、朝鮮半島から連れてこられた人。道具の中でも階層がありますので、その道具の中で最底辺の人たちが被害に遭うのに国は無視して、その責任を放棄します。原発にひきつけてみると「原発ジプシー」と呼ばれるような期間労働の人たち。民衆法廷にも出てきましたが、放射能が漏れている所で雑巾で水を拭いたり、重装備をして被爆量を測って体を日々蝕まれながら働いている。東電の社員でない人たちが過酷な労働を強いられている。そして、この人たちが一番最初に忘れ去られる。この仕組みが克明に出てくるわけです。そういうことがこの本の中で繰り返し出てきます。沖縄でも福島でも韓国でも。

――民主主義の恐ろしさ、あるいは人間の恐ろしさと言ってしまわざるを得ない。そう言い切ってしまうと、また問題になってしまうのでまずいのですが。私たちがどういう社会を創っていきたいのか、私たちがどういう社会に生きたいのかという、平凡な問いにどう答えるのか。私たちもこれに学びながら、では原発民衆法廷に関わった私たちはそこから次の歩みをどこに向けていくのか。民衆法廷の最終公判で、岡野さんは「私たちの歴史を閉ざしている、経済的利益と未来の私たち」という「個別意見」で、広島の第5回法廷に触れました。

岡野　「世界で唯一の被爆国である日本が、なぜ原子力発電の稼働にこれほど熱心になってしまったのか」。広島ではやはり、そうした疑問を強烈に感じざるを得ませんでした。広島では、証言者の一人である物理学者の藤田裕幸さん（元慶応義塾大学助教授）から、「原子力技術は、潜在的核兵器として始まった」ということを学びました。戦後、アメリカの占領が終わったとたん、日本は戦争に負けた教訓として原子力開発を始めます。つまり皮肉なことに、被爆の経験が、日本における原子力開発に拍車をかけたのです。

ほんの少し歴史に対して目を凝らしてみれば、なぜこれほど熱心に国は原子力発電にこだわるのか、明らかです。石破茂・自民党幹事長（当時）は、原発問題は安全保障の問題だとはっきりと述べていますが、メディアでは大きくその意味を問われることがありません。原発の「平和利用」という言葉がいかにまやかしであったのか、すでに明らかとなっているのです。

――次に水俣の第8回法廷です。

岡野　水俣病者の闘いは、最初の発症例が出てから半世紀以上も続いています。日本が高度経済成長を遂げた１９６０年代、やはり多くの地域が国策企業によって、環境破壊、そして地域共同体破壊が進みます。水俣病者となった人たちは、激しい差別にあい、また水俣市の財政を支えた国策企業であるチッソに対して反旗を翻すことは、地域社会での孤立をも意味しました。そして、水俣病の発症があまりに人体への深刻な危害を及ぼすがゆえに、なおいっそう水俣病者の人びとは激しい差別にあい、国家賠償を勝ち取った後は、あたかも賠償金欲しさに患者となったかのような誹謗中傷も受けてきました。

忘れられない意見陳述に「最も重い病は、痛みさえ感じない病である」という発言がありました。水俣病は末梢神経の麻痺を伴いますから、熱湯を浴びても感じません。私はこの発言は日本社会のことをよく言い表していると思います。日本人の多くがもし、痛みを今感じていないとするならば、それはかなりの深刻な病に冒されているのではないかと思うわけです。

水俣をはじめ多くの公害問題は、「生産力ナショナリズム」とでもいうべき、弱者や被害者を棄て去ってしまう日本政治の在り方を示しています。これほどの歴史的事例・教訓に「皮肉なことに」恵まれているにもかかわらず、またしても、私たちは、目を、耳を閉ざしてしまうのでしょうか。

――目を閉ざし、耳を閉ざす日本ですが、変化も見られます。２０１４年から、再稼働をめぐる裁判所の姿勢に少し変化が見られました。地方自治レベルでは泉田裕彦・前新潟県知事や、三反園訓・鹿児島県知事の発言が注目を集めました。

岡野　地裁レベルでは、再稼動を認めない判決も出ています。新規制委員会の審査をとっても、安全だとはいえないという、非常にまっとうな判断です。新規制委員会も、１００％安全だとは言えない、と自らも認めている審査ですから。ですが、他方では、高裁、そして最高裁での判断となれば、また市民の不安よりも、国策と大企業の論理を優先する判決が出るだろうという危惧は、みなさんお持ちだと思います。ただ、私が最初にかかわった大阪での民衆法廷でも争点となった大飯原発運転差止請求事件について、２０１５年4月14日、福井地裁（樋口英明裁判長）の判決は、記憶にとどめておかなければならないでしょう。判断することに常にかけられた、人としての責任を感じさせるに十分だからです。

「ひとたび深刻な事故が起これば多くの人の生命、身体やその生活基盤に重大な被害を及ぼす事業に関わる組織には、その被害の大きさ、程度に応じた安全性と高度の信頼性が求められて然るべき」で始まる樋口裁判長の判決は、私たち市民が当然感じていることを代弁してくれているようでした。彼もまた憲法に触れて、私たちの生命や健康、そして大切な心の問題に触れて、国が守るべき第一のものは、憲法13条にも書き込まれた人格権であるとはっきりさせました。

――知事選でも変化が見え始めました。

岡野 原発問題を争点にしながら多くの市民が、反原発知事を選ぶために大同団結するだけでなく、選挙運動にも関わりました。国政選挙では、私はメディアの罪が大きいと思いますが、争点があいまいにされる傾向がありますが、とくにテレビを中心としたメディアがさほど大きく報道しない知事選挙では、むしろそうした市民の運動が選挙民の耳に届くからだと考えています。

ただ、鹿児島の三反園知事は、多くの市民の再稼動反対の思いを支えに当選したにもかかわらず、再稼動を容認するようになってしまいました。新潟県知事選でも、前知事が立候補を取りやめることになった背景にもなにか政治的な圧力を感じざるを得ませんでしたが、市民の声よりも強い力がもし働いているとしたら、私たちはしっかりと異議の声をあげていかなければならないでしょう。

いずれにせよ、行政はいうまでもなく、司法までもこの国では信じられないことが起きます。ますます私たちの民主主義が問われることになるでしょう。

❖強行される棄民政策

――2017年3月いっぱいで、いわゆる「自主避難者」の住宅費等の支援が打ち切られました。放射能汚染などお構いなしに、フクシマへの帰還を強要する政策です。

岡野 これは、二重の意味で、フクシマに住む人、故郷に戻れない人、そして、自主避難した人たちすべてに対して、暴力的な打ち切りでした。まず、2011年3月まで、福島で生活を営んできた人びとを、こうした人びとへと分断してきたことへの反省が一切ない。私は、郡山での民衆法廷の際に、何人かの方に直接お話を伺うことができました。その際、衝撃だったのが、福島に住み続ける人たちもまた、本当に多くの葛藤にさいなまれながら、生きているということでした。3・11以降いろいろな選択に彼女たちは迫られました。もちろん、心から喜んでした選択なんて、ほとんどなかったでしょう。ひとりの身の上にも、さまざまな分断・分裂が生じたことだと思います。京都にもたくさん、自主避難されてきた方がいます。3・11を福島において経験し、いまやかつての福島に戻れない、フクシマという世界的な標記でしか表しえないような状況に、これまでの原発政策が追い詰めた、そのことへの反省がないことが一つ。

それ以上に、2017年3月、当時の今村雅弘復興相の、自主避難した人びとへの鞭打つような発言に表れたように、「ふるさとを捨てるのは簡単」だといった、とんでもない誤解をこの政策が孕んでいるということです。つまり、政府はこれまでの支援について、自らの責任を果たすために行ってきたのではない、自主避難者はもっと頑張れ、といっているのです。もちろん、まだまだ汚染が除去されず、未だに原発からは汚染水が垂れ流されている、そうした状況を隠蔽しながらの、そしてまさに、隠蔽するための支援打ち切りだったという点は、いくら強調してもしすぎではないことは言うまでもありません。

——自主避難者支援打ち切り後も各地で裁判闘争が続いています。今日のインタヴュー企画に協賛してくれた福島原発かながわ訴訟原告団は、ＤＶＤ『ドキュメンタリー　終の住処を奪われて』を制作しました。一人一人の市民が人間の尊厳をかけて闘い続けています。

コラム◉原発民衆法廷とは

1 はじめに

3・11福島原発事故は日本社会にも国際社会にも衝撃的でした。スリーマイル事故やチェルノブイリ事故の後にも脱原発を求める世論が大きく盛り上がりましたが、福島事故はそれをはるかに上回る多大な影響のもと、原発事故の刑事・民事責任、脱原発政策、原発再稼働阻止、使用済み核燃料問題、原発被災者支援、避難者の避難の権利など実に多くの課題を突きつけました。そうした市民的動きの一つとして原発民衆法廷が企画、実施されました。

2 原発民衆法廷の特徴

原発民衆法廷は、民衆法廷の先例に学びつつ、さらに独自性も追及しました。

第1に複合法廷です。ラッセル法廷、女性国際戦犯法廷、アフガニスタン国際戦犯民衆法廷、イラク国際戦犯民衆法廷、原爆投下を裁く国際民衆法廷は、基本的には戦争犯罪や人道に対する犯罪を裁くための、刑事法廷でした。

これに対して、原発民衆法廷は複合的な性格をもつべく構想されました。原発事故に関する刑事責任の解明に加えて、原発事故に関連する避難や補償などの諸問題、そして東京電力のみならず日本政府の原発導入政策の問題など、幅広い問題を取り上げる必要があるからです。ひいては、原発の憲法適合性を問うことも課題であり、特定の国家の憲法に即して思考するだけではなく、原発と人類の共存という問題を根底から問い直すことが求められています。原発民衆法廷は複合法廷のモデルを作り出そうとするものでした。

第2の特徴は、巡回法廷でした。原発民衆法廷規程第10条は「裁判部は巡回法廷を行うこととし、必要に応じて各地で公判を開催する」としました。ラッセル法廷はストックホルムでの開催だけが予定されていましたが、その後、コペンハーゲンでも開催されました。女性国際戦犯法廷は、東京法廷とハーグ（オランダ）最終判決公判が開催されました。アフガニスタン国際戦犯民衆法廷は東京で、イラク国際戦犯民衆法廷は京都と東京で行われました。これに対して、原発民衆法廷は、日本各地で公判を実施しました。東京、大阪、札幌、郡山、福島、四日市、広島、熊本など各地で法廷を開催しました。巡回法廷としての民衆法廷のモデルを提供するものとなるでしょう。

3　原発民衆法廷の構成

検事団は、各地の公判ごとに編成されましたが、全体の検事団長は河合弘之（弁護士）、事務局長は田部知江子（弁護士）が勤めました。他にも多数の弁護士及び市民が検事を務め、証拠の提出や主張を整理しました。

原発民衆法廷は刑事のみならず民事・行政も含めた複合的な法廷でしたが、いずれにしても被告・被告人は出廷しませんでした。そこで、被告・被告人側の主張を法廷に反映させるために、先行する民衆法廷と同様にアミカス・キュリエ（法廷の友）を採用しました。

判事団は、鵜飼哲、岡野八代、田中利幸、前田朗です。日本の原発政策を問い、福島原発事故の責任を追及するという主要な目的のため、国際法廷ではなく、判事団は国内で編成されました。

4　原発民衆法廷決定第1号

2012年2月25日の第1回公判において、原発民衆法廷は「民衆法廷とは何であり、なぜ、何を裁くのか――本法廷の性格と任務」という決定第1号を採択しました。

決定第1号は、原子力発電所を問う民衆法廷規程を確認した上で、「本法廷の基本的性格として何よりも強調しなければならないのは、民衆法廷としては当然のことであるが、福島第一原発事故によって被災した福島県をはじめとする被害者の視点である。日本政府や東京電力が置き去りにして顧みようとしない多様な被害者の声に耳を傾けることを基本に据えることなしに民衆法廷は存立しえない。被害者の視点で物を考えるとはどのような営みを指すのかを、権威や権力の高みからではなく、人類史上初の原発水素爆発の映像に震撼し、恐怖を味わった世界の民衆とともに考え、ここから来るべき思想を紡ぎだしていくことが本法廷に課された任務である」としました。

ラッセル法廷をはじめとする「先行する民衆法廷に学び、これを継承する」と宣言し、民衆法廷の思想的根拠について、裁判長サルトルの言葉を引用しました。

「『ラッセル法廷』は、この二重の矛盾した確認から生まれました。ニュルンベルクの判決は、戦争犯罪について調査するための、また必要ならそれを裁くための、制度機構の存在を不可欠のものとした、にもかかわらず、どの国の政府も人民もそれを創りだす力を持っていないという現状、この二重の確認からです。われわれは、誰からも委任されはしなかったのだということをはっきりと自覚しています。それなのに集まろうと提唱したのは、誰もわれわれに委任することなどできないのだということも知っていたからです。なるほど、われわれの『法廷』は制度機構ではない。が、だからといって、制度化されたどのような権限にもとってかわるものではない。それどころか、それは、ある空白とある請求に由来するものなのです。われわれは、諸政府によって集められた現実の権限を付与されたわけではない。しかし、さきほど見たように、ニュルンベルクでのこの権限付与は、異論の余地ない正当性を司法官にあたえるに十分ではなかったのです。『ラッセル法廷』は、これに反して、みずからの正当性は、その完全な無力に、と同時に、その普遍性に起因するのだ、と考えています。」

決定第1号は最後に「民衆法廷における裁き」の意義について言及しています。

「民衆法廷は権力を持たず、被告人の身柄拘束もできず、判決の執行もできないが、法廷において問題を顕在化させ、整理し、法的に検証する作業を行う。その際、民衆法廷判事は、権力法廷判事とは異なり、権力による正当化も授権もなしに、『完全な無力』を自覚しつつ、ただ〈良心にしたがって〉行動する以外にない。そのことを通じて一定の普遍性を獲得することが民衆法廷の使命である。

民衆法廷において『裁く』とは、問題の真の所在を明らかにすることであり、当事者・関係者と徹底した対話を試みることである。ひいては法廷そのものが民衆によって裁かれることでもある。本法廷の判事自身が原発による電力を享受し、受益してきた市民である。それゆえ、原発を根底的に問い直すという場合、単に日本政府や東京電力の作為・不作為を問うだけではなく、長期にわたる原発政策にもかかわらず、これに異議申し立てを十分に行ってこなかった市民自身が自らを問うことも必須の課題となる。」

かくして決定第1号は次の一文で締めくくられました。

「民衆法廷において、裁くとは裁かれることである。」

＊参考文献

原発民衆法廷実行委員会編『原発民衆法廷①〜④』(三一書房、2012年)

森川金寿『ベトナムにおけるアメリカの戦争犯罪』(三一書房、1977年)

2　原発と原爆の密接なつながりを問う（田中利幸＋前田朗）

❖広島で原発を考える

――原発民衆法廷の判事として、特に原発と原爆の違法性についての議論の中心的役割を果たした田中さんにお話を伺います。

田中　私が関わっている「8・6ヒロシマ平和への集い」は、1977年から始まって今も続いていますが、最初から反原発でした。私たちは8月5日の夕方に会合を開いて、8月6日に広島市が式典をしているすぐ後ろで集会を開きます。みんなでダイインをして、中国電力本社までデモをかけて、そこで30分から1時間くらい、反原発集会をするのが毎年のパターンでした。福島の事故が起きるまで、広島で反原発運動に取り組んでいたのは私たちのグループだけでした。被爆者の人たちは反原発には関わっていませんでした。ですから事故が起きた後に広島で何かやらなければいけないと思っていたところ、前田さんから原発民衆法廷のお話が来て、大変ありがたいと思って参加しました。

――民衆法廷ということでは、２００７年7月16日――62年目の「最初の核実験成功の日」、田中さんたちが「原爆投下を裁く国際民衆法廷・広島」を広島で開きました。広島と長崎の市民が協力して、国際的な法律家もお招きして原爆投下とは何だったのかをもう一度、民衆の立場から裁こうという民衆法廷です。私も証人としてお招きいただいて、「原爆投下は人道に対する罪だ」という証言をさせていただきました。原発民衆法廷は原爆投下問題ともつながります。

「原発を問う民衆法廷」大阪公判（2012 年）

田中　原爆問題と原発問題とはまったく違った問題だと考えられてきたわけです。とりわけ被爆者の中でそういう考えがあったのです。アメリカが１９５３年頃から平和利用ということで画策しました。平和利用博覧会や「広島に原発をプレゼントします」というような動きがあって、目的は被爆者を洗脳して「核の平和利用をすればこれほどありがたいものはない」と宣伝することです。「あなたたちは不幸にして原爆の被害者になったけれども、核をうまく利用したらアイソトープなどで病気も治せる」というキャンペーンを張って洗脳したわけです。その結果、被爆者の中で反原発を訴える人がほとんどいませんでした。原発事故を機に、ようやく二つをつなげて、これは表裏一体の問題であって分離することはできないと、市民向けの集会でやって、みなさんに核の恐ろしさを知ってもらおうと考えました。ですから民衆法廷という形は非常にすばらしいと思いました。

広島は、原爆投下の人道に対する罪を必ずしも問うてこなかったわけです。「核兵器を廃絶してください」というのですが、核兵器を使用することが人道に対する罪であり、私たちは人道に対する罪の被害者であり、犯罪被害者である。加害者であるアメリカはきちんと謝罪すべきであると、被爆者もあまり言ってこなかった。謝罪を求める人もたくさんいましたが、そうでない人たちもたくさんいました。政治家は謝罪してもらわなくてもよくて、ただオバマ大統領に広島に来てもらって、核廃絶のための意思を強くしてもらえば良いという発言をします。決定的に間違っていると思います。

なぜ謝罪しないかというと、謝罪して人道に対する罪だと認めると、今持っている核兵器を廃絶しなければならなくなります。謝罪の問題と、核兵器を廃絶するかしないかの問題は、直接つながっている問題です。「謝罪しなくても良いので核廃絶してください」という、核保有国のアメリカや核の傘という核抑止力を支持している日本政府であって、そんな都合のいい話はありません。きちんと謝罪を求めることが核廃絶の道につながるわけです。これは分離してはいけない問題です。そういう意味で、原爆民衆法廷の意義を考えました。

——半世紀前に原爆訴訟が東京地裁で闘われました（松井康浩『原爆裁判』新日本出版社、1986年）。当

然、被告として日本政府、アメリカ政府の責任を問うので、東京地裁だったわけですが、訴訟を起こすのであればなぜ広島地裁でなかったのか。被爆者の運動の中でも原爆投下の責任追及、とりわけ犯罪者の責任追及をするという動きがとれなかったのでしょうね。

田中　浜井信三さんという非常に有名な市長がいました。平和記念公園を建設したりして、浜井さん自身は想像力が色々とあって、多彩な取り組みを行って、いまの広島の基礎を作った方です。しかし、浜井さんはアメリカと対抗するような裁判はやりたくないという考えでした。その当時の広島・長崎在住の弁護士も乗り気ではありませんでした。最初から諦めていたこともあるのでしょう。どう考えても勝てるはずがないからやらなかった。そこまでする必要はないのではないかという考えの弁護士も多かったようです。

――国際法の壁があって、東京地裁でも、アメリカの責任追及はできないという結論で終わった。ただ、その前段階として、国際法上の解釈として当時の戦時国際法――今でいうと国際人道法に違反する行為であったという認定は東京地裁でもできたわけです。そういう認定を積み重ねることに意味はあった。国際人道法の発展水準がそこまでなかったのかもしれません。続いて1990年代半ばに、国際司法裁判所で原爆投下の違法性を問う試みがなされました。私も加わったのでよく覚えていますが、日本の法律家は「世界法廷プロジェクト」を行いました。ヨーロッパやその他の国々の努力もあって、原爆投下の違法性について、ハーグ（オランダ）にある国際司法裁判所が判断することになりました。その時に日本政府代表だけでなく、広島市長、長崎市長がハーグに行った。

田中　私はオーストラリアにいたので直接関わっていませんでしたが、「8・6ヒロシマ平和への集い」の人たちはこの運動を支援しました。ただ、国際司法裁判所の勧告は「これは人道に対する罪ではあるけれども、自衛のための核兵器使用は許される」という考え方でした。自衛のために核兵器を使うという考え方がおかしいのですが、アメリカ、イギリスなどの核兵器保有国の意見を反映したものです。それに反対した判事の1人がスリランカから来ていたウィラマントリーさんです。

――ウィラマントリー『核兵器と科学者の責任』（中央大学出版部、1987年）という本がかつて出ています。翻訳者の一人は私の恩師・櫻木澄和（中央大学教授・当時）です。もう一つ、ウィラマントリー『国際法から見たイラク戦争』（勁草書房、2005年）があって、その本の監訳者の憲法学者・浦田賢治さん（早稲田大学名誉教授）には、原発民衆法廷最終公判で証言してもらいました。

田中　ウィラマントリーさんは現在も反核の主張を続けられ、福島事故の後には反原発運動にも積極的に参加されています。福島事故の後にウィラマントリーさんからEメールが来て、「原発廃棄で頑張れ」と叱咤激励を受けました。彼は国際司法裁判所判事として「個別意見」を出して、「どんな使用であっても、核の使用は人道に対する罪だ」という意見を出しました。

その時に広島の被爆者を代表して一番強い意見を出したのは、当時の広島市長の平岡敬さんです。彼は核兵器廃絶のためにものすごい努力をされた方なのですが、当時は原発賛成でした。本人も平和利用は良いと思っておられました。市長を辞めてからも中国新聞に中国電力の広告が出ると、元市長ということで平岡さんの大きな顔写真が出て「原発を推進します」と言っていたわけです。中国新聞も、福島事故が起こるまでは原発問題に批判的な記事は一切書きませんでした。

❖核廃絶と反原発

田中　中国電力は上関に原発を建てようとしています。上関の記事は本当に小さいことしか書かず、われわれが何をしているのか一切報道しない新聞でした。中国電力から莫大な広告費が入るので、批判的な記事を出せないわけです。平岡さんの場合は、ご自身がそう思っていたので堂々と出ていました。そういう意味では、歴代市長の中で反原発を唱えた人は1人もいません。秋葉忠利前市長も、社民党から国会議員に出ていた時は党の政策で反原発と言っていて、市長に立候補しましたが、市長になったとたん反原発の旗をおろしました。当時、上関の反原発運動をしているグループが「一坪運動」をしました。上関の建設予定地の近くの土地をみんなで一坪ずつ買って、土地を中国電力に渡さないという運動をして、秋葉さんもそこに加わっていましたが、市長になるとすぐに「自分はメンバーをおりる。だから会費を返してくれ」と言ったそうです。結局返しに行ったと言うから、驚きました。とにかく広島市長で反原発を唱えた人は1人もいません。

――中国新聞でさえですか。

――やはり、核兵器と原発は区別していた。

田中　福島事故が起きてから、元市長が反省の意を表するかと思いましたが、秋葉さんはいまだに一言も言いません。平岡さんは非常に良心的な方で、しばらくして「自分が間違っていた」と発言しました。ただし、公共の場で謝罪することまではしていません。苦しくてできないといっています。それとの関連で昨年また平岡さんがおもしろいことをされました。1975年に平岡さんが中国新聞編集局長だった時代に、21世紀に向けての広島の未来像ということで、市民から論文募集を行いました。276通ほど応募があって、その中に、栗原貞子さんがすばらしい論文を書かれていました。核兵器と原発はつながっているから、原発推進なんてとんでもない、日本は核武装を狙っているから、それをきちんと認識しなければならない。ですから原発は進めてはいけない、事故が起きたら我々はまた被爆者になってしまうという趣旨の、すばらしい文章を書かれています。

――1975年ということはスリーマイル事故（1979年）やチェルノブイリ事故（1986年）より前です。

田中　ところが、これが没になりました。中国新聞は中国電力が株主ですから、こういうのは出せません。平岡さんは編集委員でこれを没にしましたが、心にひっかかるところがあったようで、この原稿をずっと持っておられたのです。昨年こういう原稿があると公表されました。

――1975年当時ということは、手書きの原本しかないですね。

田中　広島女学院大学図書館に「栗原貞子記念文庫」があって、娘さんが本を全部寄贈しているのですが、そこにこの原稿を収めることになりました。広島女学院にいけば生原稿を見ることができます。本当にすばらしい文章で、当時これだけの文章を書けるのは、やはり栗原さんだなと思いました。平岡さんはそういう人だったのです。歴代市長の中で反省して反原発運動をやらなければならず、自分が間違っていた、と言う人は限られています。

――全体の枠組みで言うと、広島市長に身をおく立場と言うのは、一方で核兵器廃絶をメインに掲げなければならないし、現に言ってきた。しかし、核兵器の使用が人道に対する罪であると言ってアメリカの責任追及をすることはあえて言わない。他方で、原発問題については、なかなか発言しない。むしろ推進してしまう。

田中　ですから核兵器に対してもあいまいです。建前は核廃絶を唱えますが、彼らは「究極的核廃絶」と言います。長い時間をかけてもいいから、究極的には廃絶してほしいと言う。本気ではない。市民に対する建前として核兵器廃絶のスタンスをとるだけです。スタンスの取り方が市長によって違います。平岡さんや秋葉さんはすごく強く核廃絶のスタンスを取りましたが、他の市長はそれほど強くない。とりわけいまの松井一実さんはもと労働省の役人なので、政府側に近いわけで、核兵器の抑止力を認めながら核廃絶をしていきましょうということです。

――抑止力論だったら核廃絶は絶対できない。

田中　矛盾を抱えたままです。広島市だけでなくて広島県もそうです。いまの湯崎英彦知事は、核問題に対してかなり関心があります。お父さんが広島大学の湯崎稔教授です。被爆者の社会学的研究で非常にいい研究を続けられた方です。お父さんが立派だったので、核問題で何かしなければならないと思っているようではあるんです。3年ほど前に未来構想プロジェクトというものを立ち上げて、核廃絶をどのように進めていくのかということで、委員会を立ち上げました。委員長につれてきたのが、明石康・元国連事務次長です。その下に政治学者の藤原帰一さん（東京大学教授）、それから若い学者が2〜3人でしょうか。結局、藤原帰一さんが報告書をまとめたのですが、彼もまた核抑止力を認めながら核廃絶をしましょうと、外務省と全く同じことを言っています。こんな税金の無駄遣いを行っている。何のための報告書なのか。アメリカからも学者を連れてきて何度も議論して、こういう報告書を出させた。

――良心に咎めないのでしょうか。

田中　良心に咎めるような人なら、最初からこんなことはしないと思います。

❖広島の運動状況

――原発民衆法廷・広島公判のことを伺います。 広島公判は2012年6月でした。原発民衆法廷は、東京、大阪、郡山、大阪（2度目）、広島、札幌、四日市、熊本、福島、東京の順で1年半かけて、各地で公判を開きました。広島で開催したいということで、田中さんが中心になって準備しました。原発と原爆両方をテーマにしました。原発民衆法廷・決定第6号を出したのですが、原発に加えて原爆も含めて決定の中に入れました。

田中　原発だけでなく原爆とのつながりをテーマにして、広島だからこそ、という決定を出したいと考えました。地元の活動家たちと相談して、どういう人を証人として呼ぶかということで、被爆者の方も入っていただきました。決定第6号の文章を後にもっと膨らませたのが「自滅に向かう原発大国日本」という論文です。かなり加筆していますが、基本的には同じラインです。福島事故が起きるまでは被爆者の人たちが反原発運動に加わることはありませんでした。上関の方で反原発運動を行っているのは「8・6ヒロシマ平和への集い」につながっている小さなグループでした。それとは別に、地元に近いところで若い年代の人たちが、数は多くないのですがいらっしゃいました。小さい子どもがいて、放射能から子どもを守りたいという、特に環境問題に意識が高い人たちです。有機農法をしたりして、オルタナティブ・ライフを実践しているお父さん、お母さんたちのグループが反原発運動をやっていました。この人たちは逆に核兵器反対運動には加わっていなかったわけです。福島事故が起きてから、私たちは「8・6ヒロシマ平和への集い」を中心として若い人たちに「2011年8月6日のイベントは一緒にしましょう」と呼びかけました。反原発運動をしている若い人と、私たち、それから被爆者の人にも入っていただく。被団協の人たちも「年老いたからなかなかデモには出れないけど、挨拶はしましょう」ということで一緒にやりはじめました。

――原発と原爆のつながりが意識され始めた。

田中　おもしろいエピソードがあります。岡田君という若い男性がいて、中国電力の工事をしようとする船にカヤックで向かっていって抗議するすばらしい運動をしています。それで、いま工事を妨害したということで損害賠償を払えと訴えられて、裁判になっています。彼が私の研究室に来て、「8・

6のチラシを作ってきた」と言うんです。私たちはポスターづくりは苦手で、良いポスターができない。若い人がつくると全然ちがうものができてすばらしい。ところが、「8・6ヒロシマ反原発集会」と書いてある。「ちょっと待って、反核はどこにあるの」ときいたら、「忘れました」(苦笑)。8・6なのに核兵器のことは全く頭に入っていない。反原発だけタイトルに入れている。彼も苦笑いして戻ってきました。そういう感じで、反原発の人たちは反核兵器のことは頭に入っていない。彼らは恐らく核兵器のことはあまりにも大きすぎる問題、あるいは非常に抽象的な問題で自分とは具体的に関係がない。自分の生活に直接関係している原発問題は頭に入るけど、核兵器のことは非常に遠い。2011年8月のイベント、その前後にはかなりいい運動になってきたと思っていましたが、やはり続かない。反原発は反原発だけに戻ってしまう。

――継続性がないのですか。

田中　もちろん人数も組織も増えています。ところが反原発は反原発、反核兵器は反核兵器ということで、相変わらず被団協の方たち、また原水禁や原水協が中心となってやっています。だから非常に別れていて、私が民衆法廷で「これは分離できない問題ですよ」と言う。他の講演会でも口をすっぱくして言うのですが、やはり実感として伝わりにくい。

――どうしても一方に偏る。

田中　原水協の方が共産党の人たちで、共産党の人たちは反原発運動を行ってこなかった。3・11以後に、自分たちも反原発運動をしなければならないということで、広島でも原水協を中心に「さよなら原発の会」をつくりました。私にも声がかかって、私と親しくしている被爆者の方、例えば豊永恵三郎先生という方がおられるのですが、豊永先生や森瀧市郎さんの娘さんの森瀧春子さんのような原水禁にも原水協にも属していない方、反核運動をやってきた方、そういう人たちも準備委員会に呼ばれました。名前を見てみたら原水協の人たちがやっていることはわかったのですが、準備会に参加しました。

行ってみると、全部準備できている。実行委員会は原水協のメンバーでおさえている。趣旨文を見ますと、反原発はあるけれども反核が出てこない。「ここは広島で、あなたたちは原水協でしょ。反原発運動をやっていてなぜ核兵器のことが出てこないんですか」と言ったら、「すみません。いれましょう」。その場で修正して書いていました。ところが、帰宅してからEメールを見たら、ある学者さんがメールをみんなに送って、「反核は落としましょう」といっていました。東京の方から「反核は原水協に任せて、反原発をしなさい」と言われたのでしょう。

ところが、原水協の中にもきちんとした考えを持っている人もいます。青木克明先生という非常にしっかりした考え方を持っているお医者さんがいて、3・11以降反原発運動にもしっかり関わっている人ですが、この人から「田中さんの言っていることは当然で、反核をはずしてはだめ」というメールが回ってきました。結局、言葉は入っているのですが、運動としては反核はやらずに反原発のみを行っています。もちろん、彼らも運動は一所懸命しています。月1回、金曜日に中国電力前でデモを行っています。熱心に取り組んでいます。ただ、核兵器と原発は別問題だと言う。広島というのは非常に不思議な世界です。

――広島の運動は全国的に見れば水準が高いと思いますし、みなさん、懸命に努力されているのですが、それでも足りない面があるんですね。私たちの運動をどう組みたてるのか。まず認識の問題として原発と原爆のつながりを、どのレベルでどのように認識するのかが一方にあります。他方で、具体的な一つのイッシューで運動するということも一つのやりかたなので、そちらはそちらであるかもしれません。全体をつなぐために、田中さんの論文「自滅に向かう原発大国日本」――ここからいくつか確認していきたいのですが、原発と原爆のつながりをどこでどう認識するのか。ウランの採掘からはじまって、色々なところでたくさんつながっています。

田中　全部つながっているわけです。とりわけ日本の場合は、高速増殖炉でプルトニウムができるわけです。ファーストブリーダー、これで成功した例はないわけですよ。それをものすごい大金を使って行っているわけですが、これはもう核兵器のためにプルトニウムを作ることを目的としているとしか考えられない。増殖炉問題でアメリカと日本政府で、父親ブッシュ政権のときに核兵器製造のものすごい技術移転がありました。核兵器技術を増殖炉に移転する技術を日本に渡す。

――もんじゅから六ヶ所ですね。

田中　常用、もんじゅですね。ですから、その時になぜアメリカは核兵器製造技術を日本に渡したのかを問題にしなければいけません。日本では問題にされていませんが、アメリカできちんとした論文を書いた方がいます。ジョセフ・トレントというジャーナリストです。きちんとした論文で公文書館から関係書類まですべて見つけて書いている。その翻訳がきちんとでてきています。「法の抜け道を使って日本のプルトニウム蓄積を助けたアメリカ」という題で、カナダのバンクーバーで乗松聡子さんが中心となっている「ピース・フィロソフィー・センター」のブログに載っています。私たちが反原発運動を行っていることは、ここにかかわっている。日本政府はどんなにお金をかけても核兵器製造能力を維持したい。これが原発再稼動とつながっている。

――2016年9月にもんじゅの廃炉への方向が示されました。高速増殖炉は諦めたようですが、高速炉の実験をやりたいなどと言っています。

田中　もんじゅは「使った以上の核燃料を産む」というキャッチフレーズの「夢の原子炉」です。しかし、これは文字通りの「夢」で、「絵に描いた餅」である事実がようやく日本でも暴露されつつあります。「夢」が安い「餅」なら簡単ですが、これまで、この「夢」のために1兆円もの税金がつぎ込まれてきました。理論的にはこの「夢」は可能であっても、現実にはほとんど不可能であることはアメリカ、イギリス、フランスがとっくにこのプロジェクトから手を引いていることから明らかだったのです。この1兆円に加えて、福島第1原発の事故処理に必要な費用は、いまや2013年の見積額の11兆円をはるかに超えることは確実です。

さらに、福島第一を除く全国にある48ヶ所の原発がこれから次々と廃炉の時期に入り、この費用にも数兆円がかかることが考えられます。これらの費用を電力会社だけでまかなうことはとうてい無理。となると、膨大な額の政府予算で、つまりわれわれの税金で補わなければならないことも確実です。

こうした状況をいまの日本経済の状態、「アホノミクス」政策でますます泥沼に入り込んでいる経済状態を考えると、政府にとっては「もんじゅ継続」の方針を主張し続ける理由が成り立たない、というところまできています。しかし、「核兵器製造能力」、とりわけ核兵器原料の「プルトニウム」保有だけはなんとしても維持したい。高速炉の実験は続けたいし、MOX燃料（プルトニウムとウランの混合酸化物）を利用するプルサーマル発電を今後も推進して「プルトニウムは着実に利用する」という方針を政府は強調し続けています。これは麻薬中毒患者が麻薬をやめられなくて、ますます自分の身体と精神状態を麻薬で痛めつけ、自分を死に追い込んでいる状況と同じではないでしょうか。

❖日米安保のもとの核政策

――日本側には、佐藤栄作の頃から――それ以前からかもしれませんが、ひそかな意図として核兵器製造能力を維持したい、そのために原発政策を推進する。ある意味わかりやすいのですが、それではアメリカの意図としてなぜ日本に核兵器製造能力の維持を許すのでしょうか。

田中　そこが難しいところです。一つは、プルサーマル、ファーストブリーダーを商業ベースに乗せることはどこもできなかったので、これを日本にやらせてみようということはあったと思います。とりわけ中曽根康弘、それから鈴木善幸の時代――このときは日本経済はいけいけですごかった。お金はある。他国はそれだけのお金の余裕がなかったので、日本にやらせようと。膨大なお金を使ってフランスもアメリカもできなかったので、日本にやらせてみて、うまく行けばファーストブリーダーの技術を商業ベースにのせるということがあった。だけど、これをやると必ずプルトニウムができる。高水準のプルトニウムができて核兵器開発の危険がもっと高まるというのがアメリカの懸念だったはずです。

1955年に中曽根康弘が予算をつけて日本は原子力計画をはじめました。私がアメリカで発見した資料の中に、アメリカの原子力委員会が書いているのをみると、1955年の段階で「日本はあと10年したら核兵器製造能力をつける」とはっきりと書いてありました。アメリカはわかっているわけです。核兵器製造能力をつけるということは明らかですが、ただし核兵器は作らせない。作らせないけど製造能力だけは持っていて良いという政策だったと思います。その頃は冷戦状態で、ソビエト連邦との関係は非常に険悪なものがありました。中国が核兵器製造能力を高めていた時期なので、東北アジアで核戦争が起こる可能性が高まっているとアメリカも考えていた。

——朝鮮戦争は停戦で、法的には終結していませんし。

田中　私の推測ですが、もし中国が核兵器を使って日本を攻撃した場合、あるいは北朝鮮が攻撃した場合に、安保条約に基づいて米軍が出て行く。アメリカが核兵器を使わなければいけなくなる。そうすると今度はアメリカ本土が狙われる。これは危ないので、切羽詰ってどうしても核兵器を使う必要が出てきたら、日本に使わせようと考えた。核戦争を東北アジアだけでやらせて、アメリカには影響を及ぼさないようにする。いまのイスラエルと同じです。アメリカはイスラエルが核兵器を持っていることは知っていて、それを許していた。それどころか技術移転も行っていた。だから同じなのです。イスラエルに核兵器を持たせて、中近東で有事になったらイスラエルに核兵器を使わせるのと同じで、安保条約で核兵器まで使って日本を守ろうなんていう考えはない。そういう意図があったのではないか。

――１９５０年代から長い歴史があり、アメリカの政策担当者も大きく変わっていますから、詳細な事実はその時の文書が発見されない限り確定できませんが、一方で大きな枠組みで、第二次世界大戦後の戦後処理の中で、アメリカの対日支配の問題があり、なおかつその後は「西側の一員」論、なおかつ日米安保条約に基づく「日米同盟のパートナー」という形でやってきた。他方でアメリカ側から見ると、どこまで行っても、日本は信頼できるパートナーかどうかは残り続ける。そういう枠組みの中で、一体何が起きているのかは私もよくわからないところなのですが、『日本はなぜ「基地」と「原発」を止められないのか』という最近ベストセラーにもなった矢部宏治さんの本があります。この本は第二次世界大戦の戦後処理のサンフランシスコ平和条約と、その前に採択された国連憲章、そのもとでの日本国憲法、その枠組みの中でのアメリカの日本支配を半永久化する枠組みが作られていた。その代償として憲法９条がある。他方で天皇制の存続ということで、天皇はそれに乗っかって沖縄をアメリカに提供して自分の地位を守った。戦後の構図の枠組みがある限り、日本は重要事項について自ら判断することを認められていない。

田中　戦後日本の政治構造、戦後史、安保条約との関連で非常に簡潔に、しかも理論的に明晰にまとめているのは武藤一羊《いちよう》さんだと思います（『戦後レジームと憲法平和主義』れんが書房新社、2016年）。武藤一羊さんのテーゼは三つあります。日本の戦後社会は三つの矛盾する原則で動いてきた。第1は、平和憲法があります。戦争を終えて日本を非武装化するためにアメリカが用意した憲法9条がありま す。第2は、それと矛盾する形で日米安保条約があります。日米安保体制をどんどん進めていって、基地を増やし、しかも軍事力を強めて、その関係で自衛隊の軍事力を高めていったら平和憲法と矛盾するのは当たり前です。これは最初から矛盾しています。第3は、戦後にきちんとけりをつけなかった天皇制・軍国主義的な伝統的考え方です。これが続いている。それが露骨に出てきているのがいまの安倍晋三首相です。日本の戦争責任を否定して、しかも天皇制をそのまま継続し、植民地主義的なイデオロギーをずっと維持してきた。

この三つは全部矛盾するわけです。帝国主義的イデオロギーと日米安保は矛盾する。日米安保と平和憲法は矛盾する。平和憲法と伝統的な軍国主義的考え方は矛盾する――矛盾する三つのバランスを何とかとりながら今までやってきた。中曽根康弘みたいに、いっきに平和憲法を崩して軍国主義を増やそうとするとバランスが崩れるとわかったら、アメリカに行ったときに「日本はアメリカのための不沈空母になる」ということを言い出した。アメリカから圧力がかかってバランスをとらされた。

この三つのバランスを何とかとりながらやってきたのが、ここにきてバランスが崩れかけています。というのも、アメリカがお金がなくなってきて日米安保体制にお金をかけられない。平和憲法を維持していると、アメリカは軍事力を引き上げられないから日本にまかせなければいけない。そうすると憲法改正も必要になってくる。それにのったのが安倍首相で、軍国主義、植民地主義を復活させるということで、バランスが崩れかけています。大変なことになっています。武藤一羊さんは、こういうテーゼで非常にうまく日本の戦後史を説明しています。戦後の社会のあり方、そして現状がどうなっているのかを分析するために非常にいいテーゼだと思います。

――矢部さんが書いていることも似た形の議論になっています。ところどころ陰謀論的な話もあって、ご本人もこれを書くと陰謀論と言われるかもしれないが、といちいち断りながら書いています。1945年から現在まで、アメリカ側の当事者がなにか仕組んだとか、陰謀論的な話ではなくて、その時その時の政策決定が積み重なって現在に至っていますので、それをいまから遡ってみると陰謀論的に見えるところが出てきます。

矢部さんの指摘でもう一つ重要な点があります。国連憲章の敵国条項です。敵国条項はいまだに残っている。国連憲章53条と107条に「敵国」という言葉が出てきます。「敵国」とは、ナチス・ドイツと日本です。一度、国連総会で「敵国条項はもはや効力を持たない」という決議がなされたことはあります。ですが、国連憲章の条文は替えずに、この言葉を削除せずに残すというのが国連の選択でした。その部分の解釈が矢部さんと私は違うのですが、ドイツが統一ドイツになって、もはや欧州の攪乱要因ではない。むしろ欧州統合の象徴になっている。その段階で国連憲章上の敵国条項が意味を持たなくなっている。だからこの決議が出た。ところがその時点より後に、歴史認識問題や領土問題で日本がまさに攪乱要因の地位に躍り出た。そうすると敵国条項を消せない。日本政府は国連で何度も「敵国条項を削除してくれ」と要求を出しています。国連の敵が自分のことだと自覚している。ドイツは要求を出していません。もはや自分のことではないからです。

矢部さんの枠組みからいうと、敵国条項が残っている限り、国連憲章以前の事実に基づいてアメリカは政策展開ができる。アメリカは「敵国」日本との対抗関係を維持している。それから国連憲章の枠内での日米関係がある。さらに、日米安保条約の下での日本との関係がある。いつでもアメリカが選択できる。どの関係で日本と向き合って、日本に何をさせるのか、決定できるのはアメリカであって、日本は選べない。だから、基地や原発の問題で日本に意思決定能力はないという認識です。

❖2015年からの取り組み

田中　私は、福島事故が起きてからドイツに招かれて講演をいくつかしたのですが、その時に考えたのが、2011年5月にものすごい反原発運動がドイツで起きました。徹底的に政策を変えてしまいました。なぜドイツであれが可能だったのかと色々考えまして、幸いにしてドイツに長期滞在ができてホロコースト・ミュージアムや関連施設を見てきました。

ホロコースト・ミュージアムやテロのミュージアムに行きますと、だいたい教師に連れられて子どもたちが見学に来て、フロアに座ってディスカッションをしています。「過去の克服」と言われていますが、単に過去の事実を学ぶだけではなくて、彼らが議題にしているのは、なぜナチがおきてしまったのか。それを我々は許してしまったのかという原因までたどって議論して報告させる。高校の段階でですよ。高校段階で日本の大学のゼミみたいなことをしているのでレベルが全然違うわけです。そういうことを１９７０年代から40年以上行っている。ドイツ民主共和国（東ドイツ）は１９９０年代からですので、まだ20年少しですが。40年以上やってくると、ほとんどの国民がそういう教育を受けている。そうすると、「過去の克服」をずっと議論してきた人は、政府は大きな間違いをする可能性がある、危険性がある、その時に私たちは立ち上がってくいとめなければならない、そういうことを学んでいる。

福島原発事故が起きたときに、これは大変なことであり、われわれはきちんとしなければならないということで、立ち上がる。ドイツにはそういう基盤がある。逆に日本は過去の克服をやっていない。一見関係ないことだと言われるかも知れません。戦争責任論と原発とどういう関係があるのかと思われるかもしれませんが、戦争責任を問うことは国の責任を問うということです。国の責任を問うことは、それを許した国民の責任を問うということです。それをやってこなかったのが日本です。だから福島事故が起きても、あっという間に元に戻ってしまう。ですから過去の克服問題と連結している問題だと思います。

——２０１５年は戦後70年でした。色々な数え方がありますが、第二次世界大戦終結70周年ということで「安倍談話」という変なものが出た。それをめぐってアメリカからもいくつかメッセージは出ましたが、私たちはどういう風に安倍談話を出させないかという運動をしました。他方で、日韓条約50

周年でした。いわゆる「慰安婦」問題等にからむような問題に直接つながっていて、この50周年をどう見直すのかが問われました。さらに、政府筋、財界筋は「再稼動元年」という変な言葉を使い始めた。そこまで言われ始めた2015年の平和運動の課題はたくさんありましたが、田中さん自身の取り組みから少しお願いします。

田中　先ほど紹介した「8・6ヒロシマ平和への集い」のように、だいたい広島が加害を問題にしてこなかった。自分たちは被害者だということばかりを言う。それはもちろん確かなのですが、被害だけを言って加害のことは問題にしてこなかった。ですから栗原貞子さんの詩で「広島といえば、南京という声がかえってくるだろう」というフレーズがありますが、まさにそうなんです。あの詩が作られているにもかかわらず、ほとんどの市民は栗原さんの詩を無視して暮らしている。平和公園には白血病で亡くなった佐々木貞子の少女像がありますが、それだけではなくて、皆さんあまり気づかないかもしれませんが、原民喜の碑などもあります。文学の碑がいくつかありますが、それも自分たちの被害ばかりで加害のことは言わない。

少し離れてお城のほうに行きますと、ここは陸軍第5師団本部があったところで、ここから陸軍部隊が南京、マレーシアに出動して虐殺に参加しました。城内に建てられている記念碑にその部隊のことをいまだに誇らしげに書いてある。そのことは全く忘れて、平和公園では被害の話ばかりをする。中国新聞も書かない。NHKも加害の問題は一切やらない。

戦争責任問題をきちんと考えないと、日本の民主主義はきちんとできないと思います。歴代広島市長がまったくアメリカに謝罪を求めないと言うことは、アメリカが犯した罪の犯罪性を問わない。と同時に、私たちは南京のこともマレーシアのことも言わない。それに対する私たちの責任も問わない。どちらの責任も問わない。加害の責任も問わない、被害の責任も問わない。全部うやむやにしておざなりに「核兵器を廃絶しましょう」と言う。これはおかしい。この二つはつながっている問題です。広島では被害のことばかり言って、その戦争責任は問わない。こんなことで70年間やっていても埒があきません。ここをどうやってブレイクスルーするかを考えなければなりませんが、難しい問題です。どうにかワンステップいけないかということで、いつもは8・5の夕方しかやっていない集会を、8月4~6日と連続的に行いました。しかも、戦争責任問題を中心に、「慰安婦」問題、教科書問題、基地問題、沖縄問題を3日間かけて分科会をおこなって、その上に総会でディスカッションをおこなう。そこで安倍批判の文章を出す。事前に6月末の段階で安倍批判のアピール文を出しました。安倍談話が出る前に、広島からのアピール文として戦争加害の問題、戦争責任問題をはっきりしろということを、これはむしろ広島市民に向けて出しました。一応安倍首相に向けてでしたが、市民の人にも知ってもらいたいということでアピール文を出し、英文に翻訳して世界に発信しました。

❖オバマ大統領ヒロシマ訪問

――2016年にはオバマ大統領（当時）のヒロシマ訪問が実現しました。

田中　オバマ広島訪問を9日前にひかえた5月18日に、広島市は原爆資料館本館敷地で行っていた地下遺構の発掘調査を一時中断して、現場を土で埋め戻し、周囲の囲いを撤去してアスファルトを敷いて歩けるようにしました。この発掘調査は昨年11月から始められ、3月に終る予定でしたが、5月19日の毎日新聞報道によると、「これまでの調査で、三輪車や時計、万年筆などの遺品のほか、民家の敷石や道路の縁石など被爆前の街並みが分かるものが見つかって」いて、想定以上に多くの被爆資料が発掘されたため、調査が長引いていたとのことです。ところが、広島市の説明によると「資料館の出口から慰霊碑、ドームまでを本来のように見通せるように」景観を整えるため、原爆被害跡を埋めてしまい、オバマがその上を歩けるようにしたのだそうです。「未調査部分はオバマ大統領の訪問後に再び掘り返す」と、広島市は説明しました。

この報道を知って私がまず思い出したのは、10万人以上が焼き殺された1945年3月10日の東京大空襲の被害状況を、その8日後に、天皇裕仁（昭和天皇）が視察したときの状況です。裕仁は視察場所までピカピカに磨き上げられた外車で乗り付け、視察現場にあった屍体は全部前もって運び出されて大きな穴にバンバン投げ込まれ、単なる焼け野原になっているところだけを視察したという事実です。同じように、ピカピカの大統領専用車に乗ったオバマは、5600人もの警察官が周囲を警備する平和公園を訪れ、原爆で徹底的に破壊された人間の生活跡をきれいに埋めてピカピカにした地面の上を歩いたわけです。オエラガタの「視察」、「訪問」は、このように最初から「被害者」には実際には目を向けていないことの証拠です。

——オバマはそのあと、原爆資料館に行きました。

田中　訪問時間はたったの8分少々で、お目当ては佐々木貞子が折った千羽鶴の見学、というよりは本当は自分が折ったと称する千羽鶴を手渡すことだったようです。問題は、そのあと、慰霊碑前で17分かけて行った「所感発表」の内容です。その冒頭で、原爆攻撃を「空から死が降ってきた」とあたかも天災のごとく描写して、いったい誰が一瞬にして10万人もの市民を無差別大量虐殺したのか、その犯罪と犯罪人を認定することを拒否しました。その次の文章は「人類が自分たちを破壊する核兵器を保有するようになった」と述べて、「責任は人類全てにある」と示唆して米国の責任を認めることを拒否しました。人類全てに責任があるなら、実際には誰にも責任がないことになります。つまり、冒頭の1節だけで、オバマは、原爆無差別大量殺戮の「罪」と「責任」という、最も重要な二つの認定を拒否したわけです。「所感」のあとの内容が全く無意味なものであったことは、不思議ではないのです。

——このセレモニーの意味はいったい何だったのか。

田中　アメリカは日本に対して犯した自国の戦争犯罪の責任を認めない、日本はアジア太平洋諸国に対して犯した戦争犯罪責任を認めない。日米両国が、互いに、そのことを暗黙に認めあうこと、これがこのセレモニーの目的でしょう。そのことは同時に、アメリカの核抑止力と日米軍事同盟の再確認という目的と表裏一体になっていたと思います。

真の政治目的について全く考えもしないで、「オバマ訪問大歓迎」にはしゃいだ、多くの被爆者を含む大部分の広島市民、ひいては日本国民、それに地元の中国新聞をはじめほとんどの日本のメディア。

――2016年10月、国連総会は核兵器禁止条約の交渉を始めるという決議を賛成多数で採択しました。日本政府は、アメリカ政府とともに、これに反対投票しました。

田中　国連総会第一委員会、つまり軍縮委員会は、広島・長崎での原爆無差別大量虐殺から71年も経て初めて、核兵器を国際法で禁止する「核兵器禁止条約」の設置を目指す交渉を2017年3月から開始するという決議案を、賛成多数で採択しました。今まで「核兵器禁止条約」の設置を国連で議論したことがなかったこと自体が異常だったのですが。しかし、予測されたように、米英仏露の核保有国とアメリカの核抑止力を支持する日本や韓国、それにＮＡＴＯ（北大西洋条約機構）加盟国がこの決議案に反対し、核保有国の中国は棄権しました。日本は表面的には「核兵器の究極的廃絶」という方針をずっと取り続けていますが、実際にはアメリカの核抑止力の強力な支持国であるのみならず、米国の「核兵器による先制攻撃」政策についても、アメリカがこの政策を変更しないで維持し続けるように要求し続けている国です。

――一方で「核兵器禁止条約」の設置に反対しながら、他方では核兵器廃絶決議案を同じ国連総会第一委員会に今年も提出しています。第三世界を中心とした諸国は「核廃絶の年限を切って実現しよう」というものですが、日本は一貫してこれに反対し、この案を潰すために独自案を提出してきました。

田中　日本は１９９４年以来、同じ決議案を毎年出していますが、内容は毎年ほとんど同じで、ＮＰ

T（核兵器不拡散条約）体制のもとでの、核兵器保有国の核保有維持を認めたままでの「核兵器の究極的廃絶」を提唱しているわけです。全くの自己矛盾ですし、アメリカをはじめとする核保有国にとっては痛くも痒くもない、無意味な決議です。20年以上も毎年提出しているのに、なんの効果もありません。原爆無差別大量殺戮の犯罪性を被害国である日本がこれまで厳しく問うことがなかったことから、その犯罪の犠牲者である被爆者の戦争被害の実態も長年にわたって無視され、71年たった今も多くの被爆者が原爆症認定や援護を受けるために苦しい裁判闘争を余儀なくされています。その一方で、被爆者は政治的には「原爆被害者」として「聖化」され、米国政府の責任も核抑止力の犯罪性も問わないままで「究極的核兵器廃絶」というスローガンだけを唱え続ける政治家や御用学者に、核被害のシンボルとして都合良く利用され続けています。このように原爆の犯罪性を不問にしたこと、その結果、放射能汚染被害を甚だしく軽視し、日本も核兵器製造能力を持つことを目指したことなどが、無批判で安易な原子力利用の導入・拡大を許し、結局は福島原発大事故を引き起こし、再び数多くの被曝者を出すことにもなってしまったわけです。

――2017年7月、国連で核兵器廃絶条約が採択されました。賛成122カ国です。ところが日本政府は終始一貫して反対し、反対票を取りまとめるロビー工作を展開したと言われています。表向きの反対理由は「核保有国の立場を無視した核廃絶は難しい。核廃絶条約は諸国間の対立を生み出すだけだ」というものです。核保有国に対して説得することなどしません。核廃絶の努力を妨害することに専念したのが実情で、「唯一の被爆国と言いながら矛盾している」と国際社会から批判を受けました。

コラム◉民衆法廷

1　はじめに

ヴェトナム戦争におけるアメリカの戦争犯罪を裁くために開かれたラッセル法廷を皮切りに、多くの民衆法廷が開かれてきました。

戦争犯罪、人道に対する罪、ジェノサイド、戦時性暴力、拷問、失踪など重大人権侵害が生じているにもかかわらず、その実行犯が国家権力の担い手であったり、国家組織として行動したために、その国家の裁判では裁けない場合が通常です。

このため民衆法廷の多くは国際的な協力のもとに行われますが、一国内での開催もあり得ます。民衆法廷は、国家の裁判所等と異なって、警察、検察、刑務所などの実力装置を持っていませんから、強制手続きをとることができません。捜査はすべて任意捜査であり、起訴は法廷の検事と裁判所の間でのみ有効であり、被告人を召喚することもできません。ほとんどすべての民衆法廷で被告人は出廷しません。また、民衆法廷の判決には執行力がありません。実力装置がなく、強制力を持たないことをどう考えるかによって、民衆法廷の位置づけが異なります。

2　民衆法廷の具体例

＊ラッセル法廷（スウェーデン及びデンマーク、１９６６年）――ベトナム戦争におけるアメリカの戦争犯罪を裁くために、イギリスの哲学者バートランド・ラッセルが提唱しました。フランスの哲学者ジャン・ポール・サルトルら世界的に著名な知識人たちが結集して、法廷が実現しました。

＊クラーク法廷（アメリカ等、１９９１～92年）――「湾岸戦争」でのイラクにおけるアメリカの戦争犯罪を裁くために元アメリカ司法長官ラムゼイ・クラークが主導して開催した法廷です。

＊暴力反対アジア女性法廷（パキスタン、１９９２年）――人身売買、性暴力、ドメスティック・バイオレンスなど女性に対する暴力を告発するためにパキスタン・ラホールで開催された法廷。

＊女性売買と女性に対する戦争犯罪法廷（日本、１９９４年）――日本軍「慰安婦」問題やアジア各地における人身売買などを契機に、法廷の名称で開催された証言集会。

＊アジア民衆法廷（日本、１９９５年）――１９９０年代に盛り上がった戦後補償運動の中で、旧日本軍による戦争犯罪を多面的に取り上げた連続的な証言集会。

＊女性国際戦犯法廷（日本、２０００年）――本書55頁参照。

＊人種差別反対世界女性法廷（南アフリカ・ダーバン、２００１年）――国連主催の人種差別反対世界会議の際にアジア女性人権評議会を中心に世界各地の女性団体が協力して開催した証言集会。

＊人身売買反対南アジア女性法廷（バングラデシュ・ダッカ、２００３年）――アジア女性人権評議会主催で南アジアにおける人身売買を告発し、国際社会に訴える証言集会。

＊朝鮮におけるアメリカの犯罪に対する平壌国際法廷（朝鮮・平壌、２００３年）――１９５０年代の朝鮮戦争におけるアメリカの戦争犯罪及びその後の経済制裁などを取り上げた民衆法廷。

＊アフガニスタン国際戦犯民衆法廷（日本、２００３年）――９・11以後のアフガニスタン戦争におけるアメリカの戦争犯罪を裁くために、日本の市民運動及びアフガニスタン女性革命協会（ＲＡＷＡ）などの協力により開催した民衆法廷。

＊イラク国際戦犯民衆法廷（日本、２００４〜０５年）――２００３年に始まったイラク戦争本格化の中でのアメリカ及びイギリスの戦争犯罪を裁くために主に日本で開催された民衆法廷。

＊イラク世界民衆法廷（世界十数カ国、２００４〜０５年）――イラク国際戦犯民衆法廷と並行して世界各地で開催された世界民衆法廷。最終法廷はイスタンブール（トルコ）で開催されました。

＊原爆投下を裁く国際民衆法廷（日本・広島、２００６年）――広島・長崎の市民の提唱で、原爆投下の国際法違反性を解明し、歴史の事実を明らかにするための民衆法廷。

＊原発民衆法廷（日本、２０１２〜１３年）――福島原発事故を契機に、原発政策、事故の刑事・民事責任などを解明するために開かれた民衆法廷です［本書１６８頁］。

３　権力法廷と民衆法廷

民衆法廷は、国家が法律を制定して設置した法廷とは異なり、個別具体的な法律による授権がありません。重大人権侵害や重大違法行為を放置できないと考えた民衆の発意によって設置される法廷のため権力的な正当性を持ちません。

国家権力が設置する法廷、及び国連安保理事会決議や国際協定に従って設置される国際法廷は、いずれも具体的な権力的正当性及び実力装置を有しています。これらを権力法廷と呼ぶことができます。

権力法廷は警察法、検察庁法、裁判所設置法、刑法、刑事訴訟法といった法律に基づいて設置・運営されます。必要があれば逮捕や捜索・押収などの強制捜査を行うことができます。被告人を法廷に召喚し、必要があれば未決拘禁を行います。懲役などの刑事施設収容を命じたり、死刑存置国では死刑を言い渡すことがあります。

これに対して民衆法廷には強制力がありません。強制捜査も身柄拘束もできないため、被告人が出廷することもありません。有罪を言い渡しても刑事施設収容を行うことはできませんから、違法性と有罪性の確認にとどまります。

こうした点から、民衆法廷の位置や意義については多様な議論があります。そもそも民衆法廷を認めない立論は根強いものがあります。民衆法廷を全否定しないとしても、具体的な民衆法廷のそれぞれについての評価は分かれます。

民衆法廷の多くは、権力法廷における刑事裁判に類似した形式をとって特定の国際人道問題について問題提起や抗議等を行う目的で開催されます。単に証言集会もあれば、シンポジウム形式による公聴会の場合もあります。

他方、女性国際戦犯法廷では、権力法廷として実施された極東国際軍事裁判（東京裁判）の欠落を取り上げる目的から、東京裁判において適用された国際法に従って法廷が具体化されました。アフガニスタン国際戦犯民衆法廷及びイラク国際戦犯民衆法廷は、国際刑事裁判所規程及び証拠手続き規則を範として民衆法廷規程を定め、国際法を適用しました。これに対して、イラク世界民衆法廷は、国際法ではなく、国際的な反戦平和運動の平和意識に焦点を当てました。

他方、原発民衆法廷は、原発政策や福島原発事故の責任を問うことを主眼とし、日本刑法など国内法を採用するとともに、原発の国際法違反性も主題としました。

民衆法廷が立ち上がるのは、権力による犯罪を権力自身が裁くことがないためですが、民衆法廷運動において収集された証拠や、民衆法廷判決を提示することにより、権力法廷に提言する場合もあります。民衆法廷判決が採用した法理論が民衆自身の法意識に確信を与える場合、民衆運動のさらなる盛り上がりを期待でき、そのことを通じて立法や行政へ影響を及ぼすことも想定できます。

それゆえ、世界各地で様々な民衆法廷が開催されています。近年ではグアテマラにおける性暴力や、イスラエルによるパレスチナ抑圧についても民衆法廷が開かれています。

＊参考文献

前田朗『民衆法廷入門——平和を求める民衆の法創造』（耕文社、２００７年）

3　私たちはどこにいるのか（鵜飼哲＋前田朗）

❖フランスの現在――NATO復帰の意味

――世界的に政治社会の動きが激しくなっています。日本もそうですし、フランスも2015年は激動の年でした。鵜飼さんの話をぜひ聞いてみたいという方が多いと思います。今日は、私たちはどこにいるのか、に焦点を当てて伺います。

鵜飼　2015年3月末まで、私は1年間パリで暮らしていました。1月7日の「シャルリ・エブド」襲撃事件のときはパリにいました。あの前後のことがまず思い出されるわけですが、それと同時に、ヨーロッパということで考えますと、1月7日以前、ヨーロッパではギリシャ問題がありました。2015年にギリシャとスペインで、フランスのメディアの言葉で言うところの「極左政権ができるのではないか」という見込みに対して、EU主要国――とりわけフランスとドイツの間で、要するにオランド大統領とメルケル首相の間で様々なやり取りが始まるというのが年明け最初のニュースでした。それから10日後には、例の1月11日の「共和国行進」になるわけです。

――「私はシャルリ」の合言葉と、国際社会の一体感が演出されました。

鵜飼　共和国行進に関して日本で一般的に言われていることと、現地で体験した私の印象は当然のことながらややずれています。行進を組織したのはフランス政府ですが、同時にＥＵレベルでした。アメリカはほとんど関わっていない。ここが非常に重要なところです。アメリカは主要閣僚を派遣しませんでした。行進にたくさんの独裁者が参加していることが指摘されましたが、これはアメリカ主導ではありません。アメリカはアフガニスタンとイラクの二つの戦争で大失敗をしました。これまでと同様に単独で介入して、曲がりなりにも新しい秩序を作るということはできない。このことは２００３年から２０１４年にかけて明らかになった。つまり、我々がいま「イスラーム国」問題と言っていることに他ならないわけです。21世紀アメリカの戦争政策の挫折の上にこの状況が出てきている。ＥＵはＥＵのレベルで様々な動きが出てきていて、にもかかわらず、あるいはだからこそ、ＮＡＴＯ（北大西洋条約機構）が浮上してきている。ＮＡＴＯは、以前はアメリカのヘゲモニーで様々なことが決まっていたわけですが、「アラブの春」の前後から、例えばリビアへの介入シナリオをアメリカが全部書いたのではなく、フランスやイタリアが主導している。

――ＮＡＴＯとフランスの関係を我々はあまりよく理解していないのですが。

鵜飼　私自身もこの間改めて現代史、20世紀後半の歴史を振り返ることで重要だと気付いたことの一つです。２００９年にフランスはＮＡＴＯに復帰しました。それではいつフランスはＮＡＴＯから脱退したのか。1966年です。40年以上の間フランスはNATOに加盟していなかったわけです。

アフリカのフランス植民地が1960年を境にほぼすべて独立し、1962年にはついにアルジェリアも独立するなかで、フランスはいくつかの選択をしたわけです。その一つは核武装です。核武装するということは、海外領土はいくつか保持しつつも、もはやそれまでのような植民地帝国ではなくなったフランスが、世界政治の中で相対的な独自性を保つために、アメリカの「核の傘」の外に出るという選択です。最初の核実験のいくつかは、これはもう眩暈がするような話ですが、独立直後のアルジェリアと協定を結んでサハラ砂漠で行いました。この核実験で現地のトゥアレグ民族の人たちがたくさん被爆したのです。植民地の代わりに核兵器という、非常に生々しい選択でした。

――植民地帝国から核の帝国へのスライドですね。

鵜飼　1960年代半ばになると、アメリカのヴェトナムへの軍事介入が激しくなる。いわゆる第三世界諸国が力を得てくる時期でもあり、これは大統領のシャルル・ドゴール（1890〜1970年）の政治的な才能や威信もあるのですが、新興の第三世界諸国、そしてもう一つは中ソ紛争以降孤立しつつあった中華人民共和国と接近することで、冷戦期に第三極を形成しようという戦略を立てました。一九六四年、中国が核実験に成功した際に最初に承認したのもフランスですし、西側諸国の中で最初に外交関係を結んだのもフランスです。やがて旧フランス植民地の北ヴェトナムとアメリカのあいだの和平交渉の仲介役をフランスが担うことになり、68年春にヴェトナム和平会談がパリで行われます。それに反対する学生運動が5月革命につながっていったのでした。数年前まではアルジェリアで凄まじい植民地戦争をしていたフランスが、今度は旧植民地の社会主義国とアメリカの仲介役を買って出たのですから、相当アクロバティックな外交を展開したことになります。このような外交は、その2年前にフランスがNATOを脱退していたからできたことです。ドゴールと当時のアメリカ大統領ジョンソンの間の往復書簡が残っていますが、基本的に世界情勢の認識の違いということになっています。表向きはそういうことです。フランスはNATOから脱退する。つまり国防は独自で行う。核ミサイルを搭載した原子力潜水艦を6隻ほど保有して、フランスを攻撃しようとする国があったら大統領が核のボタンを押す。そういう戦略を立てたわけです。

ところが、冷戦が終わり、EUが形成されていくと、フランス一国主義的な自立性、独立性の意味は薄れていきます。EUが独自の安全保障政策を持つという構想のなかで、ヨーロッパ大陸最大の軍事大国であるフランスがNATOの外にいることが、多くの問題を抱えるようになってきていたのではないかと推測されます。このあたりはきちんとした資料がなく、詳しく書かれた本もこれまで調べた限りではないようです。

――2003年のイラク戦争本格化の前に、シラク政権の外務大臣だったドミニク・ドヴィルパンが国連安保理事会でアメリカの戦争政策に異を唱えて、日本でも有名になった。ああいう役割を果たしたその6年後にフランスはNATOに戻っていった。

鵜飼　ドヴィルパンは今もシリア空爆に反対していますし、ある意味最後のドゴール派の姿勢を保っています。イラク戦争に反対した翌年の2004年から、フランスは旧植民地出身のムスリム系移民との間でさまざまな問題を起こすようになります。２００４年には公立学校でのヴェールの着用を禁止する法律が通過する。２００５年には植民地支配の肯定的な役割を学校で教えるべきだという法律が議会を通る。これにはドヴィルパンと大統領のシラクが介入して、かろうじて決議を無効にしました。いまの第五共和制憲法では、政府が国会決議を無効化する手続きが取れるようになっているのです。同年12月には、皆さんもご記憶だと思いますが、警察官に追われた少年２人が逃げ込んだ発電所で感電死した事件をきっかけに郊外暴動が起きます。

こういった流れの中で、それまでのフランスでは起こりえなかったことがどんどん起こってくる。２００７年５月、郊外暴動を挑発したと言ってもいい内務大臣ニコラ・サルコジが大統領に当選します。サルコジが最初にしたことの一つは、中東政策の根本的な転換です。要するに親イスラエル路線をはっきりさせ、それを踏み台に、２００９年、ＮＡＴＯ復帰という流れになったのです。そして２０１１年には、「アラブの春」に対してリビア介入で応えていく。これは一連の出来事なのです。ＮＡＴＯ復帰はフランスを大きく変えたと思います。ＮＡＴＯ復帰自体は一度も選挙の争点になったことがありません。私の友人たちは、一度も問われたことのないことの結果がここまで深刻な事態を引き起こしていることに当惑・怒りを覚えると言っています。こうした過程と並行して、原発大国であり核大国であるフランスと日本の関係のドラスティックな変化も起きているのです。

❖変容する日仏関係

――先に日仏関係の解説を少しお願いします。

鵜飼　ご存知のように2015年11月13日にパリで大事件が起きました。1月7日ははっきりとした標的のある襲撃事件でしたが、11月13日は無差別殺戮でした。12月17日に、京都大学のアラブ文学研究者の岡真理さんに呼んでいただいてかなり長い話をしました。ご興味のある方はIWJでその時の映像が出ていますのでご覧いただければと思います。このときいただいたコメントのなかに、フランス軍の士官候補生が来日して南シナ海に関する研修に参加したこと、フランスと日本の財閥系メーカーとのあいだで武器商談がどんどん進んでいることを指摘されているものがありました。私は2014年にフランスにいたこともあって、この間の集団的自衛権の問題を必ずしも日米安保という枠の中だけで見ていません。フランスと日本の関係も、非常にきな臭い形で接近しているという印象を強く持っています。

――日米安保のような形ではなくても、事実上急接近し、協力関係を強化しているわけですか。

鵜飼　徴候として気になるのは、フランスは日本の戦争責任問題で非常に反応が鈍いことです。安倍首相を対話者として受け入れるという方針がフランスの政権の中にできています。また、2015年6月には国際武器見本市が、先日、気候変動枠組条約第21回締約国会議（COP21）が開催されたのと同じルブールジェという町で開かれましたが、ここに初めて日本の商社が参加しました。その直前には安倍首相が訪仏して経済協力開発機構（ＯＥＣＤ）閣僚会議でスピーチをする。毎月何か起きているという感触がありました。

――日仏関係が軍事的、産業的に変質しているのでしょうか。

鵜飼　最悪の想定をすれば、日本の核武装問題に関わってくると思います。日本の核武装をアメリカが援助することは想像しにくいでしょう。日本はいつでも核武装できると言われていますが、実際には色々なデータや技術的な問題があって、容易ではありません。フランスの場合、イスラエルの核武装、そしてアパルトヘイト時代の南アフリカの核武装（後に核放棄した）にも関わっていたという説があるのです。日仏接近の中で、核技術の移転がないとは言いきれないと思います。私は長年批判的フランス研究という立場でやってきましたが、それにしてもこの間のフランスの変容ぶりには驚かされます。「地」が出てきたというか、植民地主義的体質が変わっていなかったことが露わになりました。もちろんフランスの民衆運動は日本に比べはるかに広範で、大きなデモも起きますが、世界の中のフランスの位置づけということに関しては、明確な批判的認識を持っている人は必ずしも多くないと思います。

――私たちはアメリカ中心、日米安保同盟体制、そこから発生していく様々な問題――そこを中心に議論してきました。その議論では、ヨーロッパは違う形のイメージとして出てきます。フランス帝国主義の話ではなくて、やはり自由・平等・博愛の理念の共和国があり、「私はシャルリ」ということで、表現の自由の擁護者として立ち上がるフランスというイメージがあります。それと、いま鵜飼さんがおっしゃったこととの関係が私たちにはよく見えていない。

鵜飼　「シャルリ・エブド」事件当日、私はパリにいました。殺された『シャルリ・エブド』編集部の人たちは、フランスに長く滞在した研究者にとって歴史的な存在なのです。ヴォランスキー、カビュ、編集長だったシャルブ、さらに経済学者のベルナール・マリスなどは、長年左派文化人として知られてきた人々です。ヴォランスキーのカリカチュアは性差別がひどいので好きではありませんでしたが、カビュは好感の持てる風刺画家でした。１９６８年についての彼の本はなかなか素敵です。カビュは日本にも来ていますし、フランス人の中では稀な無条件の平和主義者でした。核兵器にも原発にも反対し、チェルノブイリにも行っています。事件の直後、フランスのラジオで犠牲者たちの過去のインタビューが再放送されていましたが、福島原発事故がおきた後の日本の状況に思いを寄せる彼の言葉を聴くと、少なくともこの人は友人だったという思いを禁じ得ませんでした。

『シャルリ・エブド』という新聞は21世紀に入って急速に変質しました。カビュ自身は無条件的平和主義なので、フランスではありがちな、ショアー（ナチによるヨーロッパ・ユダヤ人の絶滅政策）の後は「ナチの再来」とみなしうるものに関しては軍事力を先行使用しなければならないという立場も取っていませんでした。しかし、『シャルリ・エブド』という新聞全体は９・11のあと、まず親イスラエル的になりました。フランスの左派総体の崩壊過程を、一歩遅れて追いかけていったとも言えるでしょう。ひとたび親イスラエルになると、そこから反イスラームまでは、フランスのイデオロギー状況ではただの一歩なのです。こうしてイスラームの預言者の風刺画を掲載するところまで行ってしまった。編集長のシャルブが友人たちを引っ張っていって、ここまで危険な企てに巻き込んでしまったというあたりが真相ではないかと思います。この人たちは、その10年前には湾岸戦争に反対していました。1991年の湾岸戦争の時、フランスの左派は最初のドラスティックな崩壊を経験しますが、少なくともこの段階では踏みとどまっていたのです。20世紀一杯はパレスチナ寄りの立場を維持していた人たちが、21世紀になって大きく崩れていく。

——なぜ21世紀になって、なのでしょうか。

鵜飼　9・11の後の大きな流れでしょう。シャルブは口癖のように「膝をついて生きるよりは立ったまま死んだほうがましだ」と言っていたと言われています。要するに襲撃されてもいいというスタンスを取っていたのです。襲撃した側ももちろん死を覚悟していますから、ある種非常にマッチョな決意主義が双方に分有されていたことになります。1月11日の共和国行進の「私はシャルリ」が覆いになっていて、この事件に至る過程がやや見えにくくなっているような気がします。そこには相当複雑なものがあったことを押さえておかなくてはいけないと思います。

　私が住んでいたアパルトマンの大家さんは社会党支持者の一家なのですが、68年5月の運動にも参加したそうです。この人たちにとっては、68年5月のデモに参加したことと、2015年1月11日のデモに参加したとが、全く同じことに見えているのです。『シャルリ・エブド』編集委員の人々は、68年5月の精神を体現してきたと考えられているからです。

——フランス現代史をどう見るのかという、なかなかわからないところを説明していただいたのです

が、日仏関係と日米関係の絡み合いを見ていく必要があります。どんどん話を大きくせざるを得ない文脈になって、なおかつ、どの時点からどう語るのがいいのかが難しいところです。

鵜飼　そうですね。私もＮＡＴＯのことなどは最近気付いたところです。もともと国際関係論ではなくフランス文学や思想を専攻しているのですが、この件については素人なりにいま資料を集めています。フランスはＮＡＴＯに入っていないけれども湾岸戦争には参加した。ＮＡＴＯの指揮系統に入らずに活動したわけですが、その時にどのような調整が行われたのかとか、この40年間の米仏関係はどのようなものだったのかとか、ＮＡＴＯ復帰に至る過程での、ＥＵとアメリカとフランスの関係をどう振り返るかとか、きちんと調べておかないといけません。

――フランスの原発開発はどのような経緯でしょうか。

鵜飼　フランスの原発開発は、１９７３年のオイルショックが重要な転機になりました。オイルショックというのは実は非常に複雑な問題で、とうてい単純に語ることはできません。この出来事のあと、サウジアラビアやカタールなど、湾岸の君主制産油国が世界政治の大きなファクターになりました。いわゆるオイルダラーが世界を還流し、それとともにアラブ世界の国々で、サウジアラビア系のイスラーム主義の組織が成長してくる。イスラーム主義は以前から存在していましたが、湾岸にオイルダラーが入るようになってから大きくなる。そもそも１９６９年、石油の価格をコントロールして世界政治に異議を申し立てようというアイディアを出したのはリビアのカダフィー大佐でした。アラブの石油戦略の発案者が、２０１１年、リビア内戦にＮＡＴＯが介入するなかで殺害されたことも、私は非常に重要な歴史的出来事だと思います。

考えてみるとアラブ諸国の共和国、世俗主義政権の指導者たちが、サダム・フセインもカダフィーも殺された後で、シリアのアサドがロシアにしがみついているという構図なのであって、この経緯をみればそのことに何の不思議もありません。イラクとともにブッシュに「悪の枢軸」と名指されたイランと北朝鮮は、イラク政権があのような形で壊滅させられたのを見て核政策に走ったのです。核を持たなければ潰されてしまうという恐怖のなかで政策選択を迫られたのです。北朝鮮は朝鮮戦争以来、半世紀以上の間、核の脅威にさらされてきた国でもあります。すべては連鎖的に起きているのだということを、あらゆる核兵器に反対すると同時に、認識しておく必要があるでしょう。

フランスで情報が公開されないのは大きくいって二つの分野です。第1にドイツに敗北した後のヴィシー政権の時代の文書、第2にアルジェリア戦争時の史料。この二つについてはようやく少しずつ出てくるようになりました。それ以上に秘密主義が徹底しているのが核政策です。他方、原発政策の決定はかなり公然と行われました。アラブ連盟が石油戦略を発動した直後、1974年に原発で行くという方針を、首相がテレビを通じて表明したのです。アルジェリアをはじめ旧フランス植民地の国々には資源の豊かなところが多く、新興国に自国のエネルギー政策が左右されることを回避するという非常にはっきりとした意図を持って、フランスは原発路線に舵を切ったのです。一言で言えば、フランスの原発政策はポストコロニアリズムなのです。現在は電力の75%が原発でまかなわれています。

――原発政策にポストコロニアリズムの性格がある。日本の一般的な議論で言えば、まずは核保有国が原発政策を展開する。アメリカ、ロシア（ソ連）、フランス、イギリス、中国です。その中でなぜフランスがここまで原発にシフトしていったのかということが見えにくい。核保有国だからこうだと言われれば、一応大雑把にはわかるので、納得してきた。

鵜飼　ドゴール自身はあまり原発を推進したくなかったようです。原発生産の工程をフランスは60年代はまだ持っていませんでした。90年代まではフランスは基幹産業は国有でやってきましたから、国有の原発生産工程を作るかどうかという判断だったのです。すでにイギリスやアメリカに原発製造産業が存在するなかで、フランスもやる意味があるのかどうか。ドゴールは旧植民地国と裏表を含めて友好関係を作っていくことが、フランスにとってポストコロニアル期の整合的な外交政策だと考えていたので、石油が優先的に調達できるよう第三世界外交を進めていくべきだという方針だったのだと思います。中東に関して言えば　１９６７年の第三次中東戦争以降、イスラエルに対する武器輸出を禁止するなど、一定の自立的な政策をとったこともあって、いわゆる「アラブ外交」の確立を図っていました。その当時は、石油が入らなくてもいいような体制を取るというビジョンでフランスの未来を考えていなかったと思います。

――石油依存からの政策転換でしょうか。

鵜飼　単純な転換ではありません。70年代半ばから石油に頼らなくてもという姿勢を示すわけですが、もちろん現実とは懸け離れた話です。電力の75％が原発といっても、フランスで消費されるエネルギー全体のなかでは、石油の比率は依然として高いのですから。原発政策の推進とともに、中東の湾岸諸国との関係で、フランスがより自立的な立場を取れたかというとそういうわけではありません。一方左派の側は、核兵器を放棄して「平和利用」に行くべきだというのが60年代以来のスローガンになりました。

――やはり「平和利用」にいくわけですか。

鵜飼　技術はすでにあるので、それをどう転用するかという発想しかなかった。原発についての問題意識は、例えば74年の左翼連合の綱領の中にも示されていません。核兵器を放棄して「平和利用」という方針を左派が打ち出していたために、原発政策が始まるとすみやかに「挙国一致」体制ができあがってしまった。60年代にはドゴール派は核保有するが原発には消極的、左派は核武装を放棄して「平和利用」と言っていたのが、結局は核兵器も放棄せず、原発が支配的になるという結末に至ってしまったのです。

――国際的な原子力体制について、例えばパリのコリン・コバヤシの『国際原子力ロビーの犯罪――チェルノブイリから福島へ』（以文社、２０１３年）がかなり明らかにしてくれましたが、そのあたりのシステムと経緯がわかっていない。

鵜飼　いま私は、２０１６年３月23日から28日まで東京で開催される、反核世界社会フォーラムの準備にかかわっています。世界社会フォーラムは、インドのムンバイやブラジルのポルトアレグレから始まって、ネオリベラリズムではない、「もう一つの世界は可能だ」という方向性を目指して第三世界を中心に毎年開催されてきました。このフォーラムの反核兵器・反原発ヴァージョンを生み出していこうというコンセプトで、この第一回を日本で開催することになりました。ここにコリン・コバヤシさんも来られますし、フランスの活動家たちも来ます。フランスでもようやく、被爆労働問題にコミットする研究者が増えてきています。ウクライナからも、チェルノブイリ原発事故の収束作業に関わった人たち、その時のサバイバーの方たちにも来ていただくことを追求中です（チェルノブイリ原発事故処理作業者だったムィコラ・ヴォズニュークさん、ヴァレンティン・ヘルマンチュクさんがウクライナから参加）。

２０１５年12月、パリで開催されたＣＯＰ21の際に、フランスで世界社会フォーラムが同時に行われる予定になっていて、日本のフォーラムに関する話を進めようとしていたのですが、そこに11月の襲撃事件が起きてしまい、非常事態令が敷かれるなかでブラジル人が参加を見合わせたことで準備が停滞してしまいました。しかし、いまや国際レベルで原発のことを考えていかないと個別の国単位では対応できない現実があり、この運動に力を入れていきたいと思っています。核兵器に関しては世界各地に非核地帯が設置されています。アフリカにも、ラテンアメリカにも、南太平洋にもあります。東南アジアにもあります。そうした趨勢のなかで非核地帯を東アジアに拡大するという構想は戦略的に非常に重要で、私たちは東アジア非核地帯の実現を求めてきたわけです。ところがすでに存在する非核地帯のなかに、いま原発が入り込もうとしている。例えばラテンアメリカです。左派政権と言われているボリビアやブラジルで、原発導入計画が進行しています。これは「トロイの木馬」のようなもので、原発が入れば潜在的に核兵器も入っていくことになる。緊急の任務として、世界の非核地帯構想に原発の問題をビルトインすることが求められています。南太平洋以外の地域では、おそらくこれまでなされてこなかったことです。世界社会フォーラムに集まっている人たちの中で、福島原発事故以降この点についての危機意識が一気に高まり、この間、福島に視察に来たりしていたのです。

――非核で言うと、太平洋のパラオ共和国とミクロネシア連邦共和国の憲法が非核憲法です。パラオ憲法の非核は日本のメディアでは当時よく報道されました。後で調べるとミクロネシア憲法が一番明瞭で、核兵器禁止だけではなく核物質すべての禁止です。核物質の持ち込み、運搬、製造を認めない。原発も禁止です。そのことが日本では話題にならず、核兵器禁止のところだけが注目されていました。南太平洋非核地帯と、パラオとミクロネシアの非核憲法によって、太平洋には非核地帯が広がっています。アフリカ非核地帯、ラテンアメリカ非核地帯、東南アジア非核地帯、モンゴル、カンボジア等一国の非核政策、南極条約など、世界の大半が非核地帯です。

鵜飼　いくつもの論点があるのですが、原発輸出、コリン・コバヤシさんが詳しい原子力ロビー問題、ここに広島・長崎の後の日本の原爆医療が吸収されていく構造になっていたことも、この間認識が深まってきました。同時にニジェールなどの第三世界のウラン鉱の被爆労働問題――多くの地域で先住民の居住地にウラン鉱があり、その採掘作業で先住民の労働者が被爆している問題もフォーラムで一緒に考えていきたい。また、日本で被爆労働問題に取り組んでいるグループが中心となって、韓国やウクライナからもこの問題に取り組んでいる人たちが来られることになっています。なかでも重要なのは福島の「避難の権利」です。ふくしま集団疎開裁判の柳原敏夫弁護士がフォーラムの企画に深く関わられていて、「チェルノブイリ法の日本版」をきちんと作りたいという意向を表明されています。これを国際条約化する第一歩にできないか、志を高く持っていきたいと考えています。当然のことながら再稼動問題もあります。

世界社会フォーラムはこれまで経済問題を中心に展開してきたので、エネルギー政策の変革という展望のなかで原発問題をどう位置づけるかが重要な課題になります。もちろん、気候変動問題等々も関連してきます。このフォーラムは基本的に持ち寄り型の構造で運営されてきましたので、我々が全部準備するのではなく、こちらは会場を用意して、参加者がそれぞれテーマをそこに持ち込んで議論するスタイルを、できる限り尊重する形でいきたいと考えています。福島にスタディーツアーを組む準備も進めています。水道橋にある韓国ＹＭＣＡとスペースたんぽぽ（たんぽぽ舎）を主会場に、２０１６年３月23日から28日までの開催です。この時代、こうして国境を越えて学びあう機会を頻繁に作っていくことが重要だと思います。これまでの我々の力量からすると壁は高いし、こうした作業が日本の反原発運動にどう貢献できるかも未知数です。一回一回工夫を重ねていかなければならないところではありますが、力量がないからといってやらずに済ますわけにはいかない、そういう領域だと思っています。

――一方では原発輸出の問題があり、他方で使用済み核燃料の輸出・押付け問題が出てきています。後者でいうと、この間話題になったのはモンゴルです。非核地帯のモンゴルに使用済み核燃料を押し付けるという話です。

❖緊急事態と人権

鵜飼　こうした憲法や条約の背景には、第二次世界大戦直後から太平洋で核実験が集中的に行われてきた歴史的背景があるわけですね。フランスは95年まで続けていました。フランスが南シナ海の問題に関与すべく日本に研修に来ているのも、太平洋に依然植民地を持っていることと無関係ではないでしょう。タヒチとニューカレドニア、他にもいくつかあるのですが、フランスが「太平洋国家」だということを我々は忘れがちです。フランスのもう一つの問題は、非常事態令です。正確に翻訳すると緊急令あるいは緊急事態令なのですが、さしあたり3ヶ月の期限付きです。

――核保有国で原発大国にして、実は太平洋国家でもある。そのフランスにおける非常事態という話です。緊急事態令は日本国憲法の「改正」に関しても非常に大きい問題なのですが、フランスの場合、戒厳令は憲法ではなくて法律に基づいて可能だということです。

鵜飼　やや複雑な法制史的背景があります。第五共和制憲法の16条に全権委任条項があるのですが緊急事態の制定は1955年で、58年制定の現行憲法に先行しています。まず戒厳事態が想定されていますが、これは戦争になって外国軍が首都に進軍してくるといった状況を想定しています。このような事態は現在のフランスの歴史的環境ではまずありえないでしょう。一方1955年3月制定の緊急事態令は前年54年の11月にアルジェリア独立戦争が始まったことに呼応したもので、まずは仏領アルジェリアに布告するために作られました。

この法律のもとでは、令状なしの家宅捜査が、日没後も自由にできるようになります。11月の襲撃事件の後、パリ郊外のサンドニ市で治安部隊が突入し、銃撃戦になって主犯格とされる人物が射殺され、自爆者が出るという事件が起きましたが、あの作戦も緊急事態のもとで深夜に行われました。

もう一つは、特定の人物に対して自宅軟禁措置を行うことができる。11月15日の緊急事態発動以後これまでに3500件ほどの捜索が行われました。この結果、COP21の時にブルターニュのノートル・ダム・デ・ランドで空港建設反対運動を行ってきた活動家が数名、パリに来ることを禁止されました。このように、イスラーム系の聖戦派の活動とは無関係の人たちが、緊急事態令によって予防拘禁されているのです。ところが国務院は最近、発動の趣旨とは別領域の活動家たちに適用されても合憲であるという判断を下しました。

繰り返しますがこの法律は1955年のものです。58年憲法に定められているのは大統領への全権委任で、ドゴールの手腕で植民地戦争が引き起こした混乱を収束させることが直近の目的でした。そのため、全権委任にとどまらず、第五共和制憲法は大統領権限が非常に強いものになっています。しかし、憲法の中にこれまで緊急事態は位置づけられていません。いまフランス政府が画策しているのは憲法に緊急事態を位置づけることです。それによって狙われているのは、具体的には、フランス市民で二重国籍保有者がシリアなりイラクに出かけた後、いわゆる「テロリズム」に関与して有罪判決を受けた場合、フランス国籍を剥奪できるようにすることです。

——国際人権規約違反ですよね。

鵜飼　間違いなく人権条約違反だと思います。これは従来右派の一部、とりわけ極右の国民戦線が唱えてきたことなのです。これを「左派」政権が先にやってしまうことで「敵」から武器を奪おうという、最初から矮小な政治がらみの改憲策動です。左派のなかに当然大きな反対があるのですが、大統領府は強行するつもりでいました（最終的に断念）。もちろんいわゆる移民系のフランス市民のなかにも二重国籍保有者とそうでない人がいます。こうした議論が出てくるだけで、すでに二重国籍保有者は社会的に別カテゴリーに入れられることになります。「binational」を略して、友人のあいだでも「お前は〈ビ〉か」などと訊ね合う事態がすでに起きています。このようにフランスは一気に強権的な体制に向かっていて、しかもそれが社会党のオランド大統領の下で進行しているのです。

アルジェリア戦争も、社会党政権の時期に進められたものでした。当時の首相はギ・モレという人ですが、わずか数年前にはマルクス主義的な語彙で政治を語っていた人物が植民地戦争の司令官に豹変してしまった。遡れば１００年前の第一次世界大戦のときも、ジャン・ジョレスが暗殺された後、社会党は神聖同盟、挙国一致体制に入った。60年前のアルジェリア戦争のときもだめだったし、また今回も……というわけです。こうして見ると戦争を開始したり、深刻な軍事的事態に国を引っぱって行くのは、フランスでは往々にして体制内左翼だったことが分かります。最近左翼がめっきりだめになったということではなく、第二インターナショナル系の政治集団は、つねに戦争政策にのめりこむ傾向を持ってきたという認識を新たにすべきでしょう。

――国内の非常事態というと、我々が通常使うのが戒厳令という言葉です。日本史では2・26事件にまで遡るので、あまり具体的なイメージができない。次にイメージするのは韓国の独裁政権時代の非常事態です。1980年の光州事件もそうですが、何度も経験しているので、ようやくイメージができます。タイやミャンマー（ビルマ）で起きたこともテレビを通じて見ていたくらいです。そのために我々は、いわゆる後進国、独裁政権の下で戒厳令、非常事態があって人権侵害がある――こういうイメージを持ちがちだと思います。それがよもやフランスで、ということがまだ見えない。

鵜飼　現実的には二つのフランスがあるというべきでしょう。フランス革命時のジャコバン独裁とともに、近代的な例外状態の歴史が始まると考えられています。どこまで史実に即して正しいのかどうか確信がないのですが、イタリアの思想家のジョルジョ・アガンベンなどは、例外状態という観念は左翼的な起源を持っていると主張しています（アガンベン『例外状態』未来社、2007年）。

アルジェリア戦争の終結は、フランスから見れば、非常大権を付与されたドゴールが、アルジェリアのヨーロッパ系コロンをいわば騙すようなかたちで、独立承認――フランスからするとアルジェリアの放棄――への道筋をつけていった過程です。こうしたことがあって、フランスの左派の歴史的教訓として、非常大権の行使がすべて否定的に考えられているわけではないという事情があります。もちろんフランス革命のような歴史状況はそれこそ例外的ですし、「政治の芸術家」と言われたドゴールのような人物もめったに出るわけではありません。第五共和制憲法は、本来ドゴール専用のオーダーメイドだった。

フランスは大革命以来平和裏に体制移行を実現したことがない国です。1981年にミッテランが大統領になったとき、現行憲法は大統領権限が強すぎるので自分の任期中に第六共和制に移行すると言っていたのですが、いざ政権を握ってみると権力者にとって非常に使い勝手のいい憲法なのでこの話は次第に沙汰消えとなり、結局シラク時代に7年だった任期を5年に短縮したのが唯一の実質的な改革です。いまの憲法では大統領を任期途中で罷免することができません。無能であることが露呈したオランドのような大統領が居座ってしまうことになる。第六共和制移行論は別にして、大統領を罷免できる方向で憲法を変えるべきだという議論も起きてきています。ただし、そこまでの道筋をどうつけるかは未知数で、相当暴力的な事態も予想されます。

――非常事態は日本でも憲法改正のテーマの一つです。安倍首相らが言っているのは、3・11の経験をもとに非常事態に対処するために何とかしなければならない。ところが日本国憲法には非常事態の規定がない。軍事的なこととは違う形で、福島の問題を使いながら非常事態規定を入れたい。ところが実際に入れると、結局、軍事的な方向にいくと思うのですが（清末愛砂・飯島滋明他編『緊急事態条項で暮らし・社会はどうなるか』現代人文社、2017年）。

鵜飼　さきほども触れたように、フランスはサルコジ時代の2011年にはリビア内戦に介入しましたし、アフリカでいくつもの戦争に関与しています。こうした判断はすべて大統領の専決事項です。先日2015年11月の事件に関して書いた文章で「みずから撒いた種」という言葉を使ったのですが、これは本書100ページで紹介したように「シャルリ・エブド」事件の後の最初のイスラームフォビア反対集会の時に、ある高齢の女性が持っていたプラカードに書かれていた言葉を引用したものです（鵜飼哲「『みずから播いた種』――二一世紀のフランスの変貌」『現代思想』２０１６年1月臨時増刊号）。

――「みずから撒いた種」と言うと結構反発が強いのではないでしょうか。カギかっこがついていますが。

鵜飼 全文を引用すると「フランスはアフリカで三つも戦争をしている。石油とウランのためだ。自ら撒いた種だ」というものです。1月11日の共和国行進の1週間後に目にした言葉です。

フランスにはもちろん移民系の運動も力強いものがありますし、実際に動く市民の数は日本とは到底比べ物になりません。アンケートを取れば８割方の人が数年以内に何らかのデモに行ったことがあると回答する国です。このような国で緊急事態令を発動して、不人気な政権がどこまで何ができるのか。今のフランスは、そのような意味で、一種の実験室になっているように思います。

もう一つ、フランスでこんな社会は壊れてしまえと思っている人は、日本で「日本死ね」と思っている人よりずっと多いと思います。「爆弾をしかけた」というような電話は、毎日、さまざまな場所にかかってくる。そのたびに全員避難したり、電車が止まったり。経済にどのような影響が出てくるのか、そろそろデータが出てくる時期だと思います。こういうことすべてに対応できる警察力があるかというとどうやらないようで、いま警察官も兵士も、急募して訓練中なのです。

なにも２０１５年1月7日からすべてが始まったわけではありません。この女性が掲げたスローガンはまさにポイントをついていました。フランスがすでに反テロ戦争に参加していた。その暴力がいわばブーメラン的にフランスに回帰してきたということが事の本質です。私が2014年4月にパリで暮らし始めた時にはすでに、主要駅にはいつも兵士が機関銃を持って徘徊していました。恐ろしいというより、こんな兵士が2~3人いるくらいでは、どうにもならないだろうという印象しか受けませんでした。

――むしろ、いつ何が起きても不思議がないと思わせる効果しかない。

鵜飼 11月の襲撃事件の後でアラン・パデュウという哲学者が言っていることですが、「いまフランスで進行中なのは中産階級の精神的な再武装である」という考え方も出てきています。どこまで信用できる数字かわかりませんが、フランスで国のために命を差し出す用意があるかというアンケートをとると、「ある」と答える人は3%ほどです。一方、ロシアでは67%と言われます。中国でもおそらく、相当の高率になるでしょう。この差が、西側の帝国主義諸国で軍事力を行使して世界政治に地位を占めようと考えている国にとって、いまや何とかしなければならない問題になってきている。第一次インドシナ戦争、アルジェリア戦争と、戦後の植民地戦争すべてに敗北したフランスでは当然のことながら軍隊の威信は低下していきました。3%という数字は、職業軍人も全員は含まれないのではないかと思われるレベルです。それが今、「反テロリズム」を梃子に、体制の側はこの割合を上げることに血道を上げるようになってきている。

一方、私自身が強い印象を受けたのは、フランスの反体制派、例えばCOP21に反対するような人たちは、緊急事態令を全く恐れていないということです。緊急事態令発動後に、まず難民歓迎デモが行われました。2014年7月、イスラエルのガザ爆撃に抗議するパレスチナ連帯デモが禁止されたときも、誰も上からの措置に従いませんでした。しかし現政権はこのときから、デモの禁止を、集会の自由、言論の自由にもとる措置であると考えることを止めてしまいました。反イスラームデモにしても、大きな動きになっていないのは、公権力によって禁止されているからなのです。

COP21の最後には凱旋門あたりを2万人の人が埋め尽くし、合意内容に抗議する意志が表明されました。この前後に、全部で300人くらいの人が逮捕されています。もっとも日本と違って逮捕されると最低3日は拘束されるというようなことはなく、だいたい1日くらいで出てきます。大枠ではこのところ日本とフランスの似ているところが目につくのですが、違うところもいろいろとあります。例えば、逮捕され釈放された人たちのインタビューが日刊紙に載ります。「こんなことを言ったら警察に殴られた」というような話が普通の新聞に掲載されるのです。

――日本では安保法制反対のデモで国会前で逮捕されると、ネット上でみんなで叩く。逮捕された人間が猛烈に非難されます。ニューヨークだってイラク戦争反対50万人デモの時、ものすごくたくさん逮捕されたけれども、警察の車に乗せて2~3キロ離れたところで降ろして釈放です。せいぜい2~3時間の身柄拘束です。パリの場合は1日です。日本では、下手すると勾留がついて23日も拘束されます。会社員なら解雇されます。ネット上では被逮捕者を叩き、さらし者にする。

❖「慰安婦」問題の日韓「合意」

――話は変わりますが、2015年12月28日の日韓「合意」がありました。これもまた歴史の大変な話ですし、色々な考え方がありますが、とりあえず当日の印象からお話ください。

鵜飼　まず日本政府のやり口は相変わらずだなということです。私は「突っ張りとはたき込み」という言い方をしていますが、正論で押していくと権力のほうは要求のうちのわずかな一部をつまみ食いして分裂を引き起こし、抵抗を挫折させようとします。アジア女性基金と今回の違いは、公金が支出されるところだけです。河野談話を継承したと言いながら、河野談話の重要な核である歴史研究と教育の問題には一切触れていません。これは河野談話からの大幅な後退です。被害当事者である韓国の「慰安婦」ハルモニや支援団体が求めてきた正義の実現とは、懸け離れたところに問題を強引に移し替えようとしたものです。

気になる点としては、この「合意」の主要なアクターを「安倍首相」とするのは少々ミスリーディングではないかと思います。野田民主党政権期から様々な交渉があり、それに関わってきた和田春樹さんのような知識人もいます。年末までに何かあるかのではないかという「予感」を記した和田さんの論文が、『世界』の2016年1月号に掲載されていました。とはいえ、これほどはっきりした形で、いきなり「合意」まで進むとは思っていませんでした。私たちにとっても、そして被害当事者にとってはとりわけ、非常に屈辱的な内容の「合意」であって、もう一度本質的な問題が何か、植民地期以後の日韓の関係性の根本に立ち戻って、はっきりさせなければいけない局面になっていると思います。「不可逆的解決」という文言は、1965年の日韓条約を思い出させます。

――1965年には「最終かつ完全に解決」とされ、2015年には「最終的かつ不可逆的に解決」と言っています。

鵜飼　「不可逆」と言うのであれば、日本軍性奴隷制のような犯罪が二度と起きないようにするために何をしなければならないかが求められてきたのであって、一言で言うと、「不可逆」の方向が逆なのです。日本政府が望むような意味でこの問題の「解決」が「不可逆」とされるなら、二度と起ってはならない事態は「可逆的」なままでしょう。これからも起きる可能性を開いた形の妥結にしかならない。「不可逆」という言葉を相手側に投げ返すことが第一の作業だと思います。

――「不可逆的停止」という言葉は脳死の判定の際に用いられます。安倍政権というか、日本が「脳死」している疑いがあります。

鵜飼　日本と朝鮮半島の二つの国家の間には、いわゆる「慰安婦」問題以外にも、未解決の問題がたくさん残っています。強制連行・強制労働の問題もあります。韓国との65年協定で解決済みということにされて未清算に終わっている戦争責任・植民地責任は、むしろこれから問い直されなければなりません。ところが、日本の世論では、このところ「慰安婦」問題だけにスポットが当たることで他の問題を見えなくする効果もありました。しかしこうした操作は万能ではありません。重要な責任問題に忘却を強制しようとしても、かならず歴史が復讐してくるでしょう。ここは原則的にきちんと問題を立て直していくことが、いかに困難であっても、我々がなすべき第一の作業だと思います。

「平和の少女」像について言えば、加害国が被害国に建てられたモニュメントの撤去を要求するなどということは前代未聞です。本当に恥ずかしいことです。この要求には安倍晋三固有のものがあると思います。

――国際人権法学者の申惠丰さん（青山学院大学教授）が、日本もドイツ・オーストリアに学んで、日本政府が東京に少女像を作るべきだという意見を書いていました（申惠丰：『「慰安婦」問題・日韓「合意」を考える』彩流社、２０１６年）。

鵜飼　被害当事者の方たちは大変高齢なので、近くで支えてきた人たちほど、怒りとともに、今後どのように運動を進めていけばいいのか、悩みは深いと思います。私はそこまで近い距離で関わってきたわけではないのですが、具体的な議論に接しながら、この状況を変えていくために自分にできる最善の動き方を見つけていきたいと考えています。

――ソウルで市民団体が３８３団体集まって、日韓「合意」を無効化するという宣言を出しています。その宣言の中で、日本政府が10億円用意するということに対して、それを受け取らないですむようにこれから市民団体がカンパ運動を国際的に展開して10億円集める。もう一つは国際社会にどうアピールするか。具体的な方針はまだ聞いていませんが、アメリカ、そして国連人権理事会等に対して、日韓「合意」を被害者側が拒否していることをアピールすると韓国の運動側で決めたということです。

いま、安倍的なものと、必ずしも安倍的とは言えないものと両方出てきました。「私たちの中には安倍が住んでいるのか」という奇妙な問いを問わなくてはならなくなっています。安倍はけしからん、日本政府はけしからんということはあるのですが、四半世紀この問題に取り組んできた私たちが一体何ができたのか、できなかったのか。「慰安婦」問題だけではなく、かつての植民地主義との向き合い方を考えたときに、安倍というのは植民地主義に開き直った典型的な人格です。それが日本社会にどういった形で残っているのかを念頭に置かなくてはなりません。

鵜飼　先ほど出たフランスの国籍法の問題は、日本とはまったく制度が違うので、比較にならないとも言える部分があります。日本ではいわゆる帰化手続きを経て国籍変更をしなければ、旧植民地出身者は日本国憲法の下で人権保障の恩恵を受けることができない仕組みになっている。この体制のもとで、現在のようなあからさまな差別が跋扈する状況までできてしまった。そのことはとりわけ在日朝鮮人・韓国人社会に非常に強い圧力をかけているわけです。今日の在日の若者たちは、物心がついたときには、いわゆる北朝鮮バッシングがすでに起きていました。日本社会でつねに朝鮮民族が非難・中傷を受けているなかで自己形成せざるをえなかった世代です。深刻な形で精神のバランスを崩す例が増えているという話を頻繁に耳にします。この数十年、ポスト帝国期の日本人である我々の側が、何ができたのか、何をしてこなかったのか。とても辛い問いですが、レイシズムの問題を自分の問いとするためには避けて通ることはできません。

この点は、昨年の安保法制をめぐる闘争、この間の護憲運動を全体としてどう考えるのかというポイントともつながってくると思います。運動の高揚には非常に勇気づけられる部分もあり、他方ではまた、先ほど触れられたように被逮捕者がネットでバッシングを受けるなど、かなり深刻な運動内部の問題も無視できない規模に広がってきていると感じています。昔の言い方では「人民内部の矛盾」ということですが、その結果護憲運動がナショナリズムをフレームにしてしまっているのではないかという危惧を抱いています。

――護憲運動とヘイト・スピーチとが対立しているはずなのに、時に同居してしまう。

鵜飼 そのことは、日本国憲法をどう考えるかという問題に直結します。日本国憲法と、戦後日本の国家体制、制度的なレベルでのレイシズムとの関係の問題と言ってもいいでしょう。日本国憲法における「国民」という枠から、どのようなプロセスを経て、最終的に1952年の独立、主権回復の際、旧植民地出身者が国籍の剥奪というかたちで排除されていったのか。フランスの二重国籍の市民が「テロリズム」関連事件で有罪になるとフランス国籍を剥奪されるようになるかもしれない。私たちがそれはひどいと感じる時、それでは52年体制の構築をどのように想起すべきなのか。何もしていない人が何十万人も、突然国籍を剥奪されるという事態。これは日本国憲法のもとで起きたことなのです。ハンナ・アーレントの『全体主義の起源』（みすず書房、1974年）を紐解けば、ナチス・ドイツやソ連によって、20世紀前半に大規模な国籍剥奪が行われた歴史に出会います。日本は戦後同じことをやった。1950年代以降の護憲運動も、反核運動も、実はその上に成り立ってきた。この問題は、60年代後半からまがりなりにも問い直されてきたわけですが、その20～30年間の蓄積が何もなかったかのような、「日本人による、日本人のための護憲運動」になってしまっていないか。

――「憲法番外地」を作りながら、「一級市民」だけの平和主義と民主主義を謳歌してきました。在日朝鮮人、中国人はもとより、先住民族としてのアイヌ民族、そして琉球民族に対する差別政策とヘイト・スピーチを下支えする憲法という状況が生まれかねない。民主主義を実現しなければならない課題とともに、民主主義の怖さを痛感させられます。

鵜飼　2年くらい前から、憲法関連で話す機会には、「9条の前と後」という表題を掲げることにしています。1条から8条までは天皇制関連です。そして10条は、誰が日本人かという基準を、憲法の外に転送する装置になっています。「国民の要件は法律でこれを定める」。憲法前文には冒頭から「われわれは」という一人称複数がでてきますが、それが誰かということは、形式的に言うと、10条で法律（国籍法）に転送されてしまうため、この憲法の主体は、内在的には未規定になっているように思われます。この構造を問うこと抜きに9条だけを取り出すことの不十分さは、もはや明らかなのではないでしょうか。例えばレイシズムを防止する法体系を構想するなかで、憲法問題のこの側面にどう切り込んでいけるのか。根本的な課題なのではないかと思います。

――最近、日本植民地主義研究においても、アイヌモシリ、琉球、朝鮮半島の植民地化にもかかわらず、日本国憲法制定の際にこれらをすべて切り捨て、忘却したことが根源にあると議論されています。日本国憲法とレイシズムの関係がようやく問われるようになってきました。この論点は非常に重要なので、次の機会にもっと深めたいですね。

あとがき

本書は「平和力フォーラム／混迷する時代のただ中で」と題して行った一連の公開インタヴューの記録です。インタヴュー実施から日時が経ちましたので、その後の状況を踏まえて加筆しました。

第１部　歴史、記憶、責任、そして――

２０１４年12月20日／岡野八代
２０１５年２月14日／田中利幸
２０１５年５月16日／鵜飼　哲

第２部　権力としての原発、対峙する民衆

２０１４年12月21日／岡野八代
２０１５年２月15日／田中利幸
２０１６年１月16日／鵜飼　哲

＊　　＊

３・11を体験した市民の取り組みとして、２０１２年～１３年に全国各地で「原発を問う民衆法廷」が開催されました。その判事を務めたのが私たち４人でした。この民衆法廷では「喋る判事団」と称して、４人の判事は法廷指揮（議事進行）を行うだけではなく、しばしば所見を述べました。

国家が行う権力法廷では、判事は心証を悟られることのないよう言葉少なに座っているのが通常です。これまでの民衆法廷においても、判事は多少の尋問を行うとはいえ、法廷では寡黙になりがちでした。

これに対して原発民衆法廷では、毎回の公判で、判事が自らの所見を語ることに力を入れました。記憶を語り、法廷証言にコメントを付し、傍聴人に語りかけました。法廷参加者にいつも見られているばかりでなく、判事として語ることはそれなりに緊張するものですし、大いに勉強にもなりました。

とはいえ、授業や講演会で長時間語ってきた私たちとしては、まだまだ語り足りないという印象を持ちました。そこで4人が語る場をさらにつくりたいという動機から、前田がほかの三人にインタヴューする企画を設定しました。テーマは、第1に「慰安婦」問題を中心とする歴史認識とレイシズムであり、第2に原発問題を中心とする権力と民衆の関係です。

4人はもともと専門分野がまったく異なります。ただ、4人とも日本軍性奴隷制（「慰安婦」）問題について積極的に発言してきました。そこでこの二つのテーマに絞ることにしました。

6回のインタヴューを通じて浮かび上がってきたのは、私たちの平和主義や自由主義の限界であり、民主主義の怖さでした。日本国憲法の下で、それなりに民主主義を獲得し、いっそうの民主主義を実現しなければならないと考えてきたのに、思いがけない陥穽《かんせい》にはまりこんでいるのではないか。私たちはデーモンクラシーにはまり込んでいないか。このことを繰り返し論じることになりました。

民主主義という理念が持っている積極的側面とともに、民主主義という統治形態が必然的にはらむ諸矛盾がいかなる形姿をもって現出するかを意識せざるをえませんでした。「西欧民主主義」が歴史的に果たした「文明的役割」の野蛮な実態と、現代日本の政治社会に規定された「日本型民主主義」の悲劇と喜劇を語ることになりました。

歴史的経過や用語の意味を補足説明するために6本のコラムを挿入しました（執筆は前田）。

＊　＊

なお「第2部　権力としての原発、対峙する民衆」のインタヴュー実施に当たっては、スペース・オルタの共催、福島原発かながわ訴訟原告団及び脱原発市民会議かながわの協力をいただきました。多くの方に支えていただきましたが、特にスペース・オルタの佐藤真起さん、福島原発かながわ訴訟原告団の村田弘さんにお世話になりました。

２０１８年3月11日

前田　朗

◎著者プロフィール

鵜飼 哲（うかい・さとし）

一橋大学大学院言語社会研究科特任教授。フランス文学・思想。著書に『償いのアルケオロジー』（河出書房新社）、『抵抗への招待』（みすず書房）、『応答する力——来るべき言葉たちへ』（青土社）、『主権のかなたで』（岩波書店）、『ジャッキー・デリダの墓』（みすず書房）。訳書にジャック・デリダ『他の岬——ヨーロッパと民主主義』（共訳）、『盲者の記憶——自画像およびその他の廃墟』、『友愛のポリティックス（１・２）』（共訳）、『ならず者たち』（共訳）（以上みすず書房）など。

岡野八代（おかの・やよ）

同志社大学グローバルスタディーズ研究科教授。政治学、政治思想。著書に『法の政治学』（青土社）、『シティズンシップの政治学』（白澤社）、『フェミニズムの政治学』（みすず書房）、『戦争に抗する——ケアの倫理と平和の構想』（岩波書店）。共著に『憲法のポリティカ——哲学者と政治学者の対話』（白澤社）。訳書にアイリス・マリオン・ヤング『正義への責任』（岩波書店、共訳）、エヴァ・フェダー・キテイ『ケアの倫理からはじめる正義論』（白澤社、共訳）など。

田中利幸（たなか・としゆき）

元広島市立大学広島平和研究所教授。歴史学、軍事史。著書に『知られざる戦争犯罪——日本軍はオーストラリア人に何をしたか』（大月書店）、『空の戦争史』（講談社現代新書）。Japan's Comfort Women: Sexual Slavery and Prostitution during World War II and the US Occupation (with Foreword by Susan Brownmiller) (London: Routledge, 2002) , Hidden Horrors: Japanese War Crimes in World War II (with Foreword by John Dower) published by Westview Press (Boulder, USA) in June 1996 ,Rape and War: The Japanese Experience (Melbourne: Japanese Studies Centre, 1995) .

前田 朗（まえだ・あきら）

東京造形大学教授。刑事人権論、戦争犯罪論。著書に『旅する平和学』『メディアと市民——責任なき表現の自由が社会を破壊する』（以上、彩流社）、『戦争犯罪論』、『ジェノサイド論』、『人道に対する罪』（以上、青木書店）、『非国民がやってきた！』、『パロディのパロディ——井上ひさし再入門』（以上、耕文社）、『増補新版ヘイト・クライム』『ヘイト・スピーチ法研究序説』（以上、三一書房）、訳書にラディカ・クマラスワミ『女性に対する暴力』（明石書店、共訳）、メロディ・チャビス『ミーナ——立ちあがるアフガニスタン女性』（耕文社、共訳）など。

思想《しそう》の廃墟《はいきょ》から――歴史《れきし》への責任《せきにん》、権力《けんりょく》への対峙《たいじ》のために

2018年4月20日　初版第一刷

著　者　鵜飼哲・岡野八代・田中利幸・前田朗 ©2018
発行者　竹内淳夫
発行所　株式会社 彩流社
〒102-0071 東京都千代田区富士見2-2-2
電話　03-3234-5931
FAX　03-3234-5932
http://www.sairyusha.co.jp/

編集　出口綾子
装丁　ナカグロラフ（黒瀬章夫）
印刷　モリモト印刷株式会社
製本　株式会社難波製本

Printed in Japan　ISBN978-4-7791-2440-2 C0036
定価はカバーに表示してあります。乱丁・落丁本はお取り替えいたします。